# 崇尚规则　追求卓越

## ——东莞理工学院法律与社会工作学院教育教学大讨论文集

主　编◎强昌文
副主编◎郑玉敏　夏能礼　林锦照

合肥工业大学出版社

**图书在版编目(CIP)数据**

崇尚规则 追求卓越:东莞理工学院法律与社会工作学院教育教学大讨论文集/强昌文等主编.—合肥:合肥工业大学出版社,2018.5

ISBN 978-7-5650-3994-2

Ⅰ.①崇… Ⅱ.①强… Ⅲ.①教育—中国—文集 Ⅳ.①G52-53

中国版本图书馆 CIP 数据核字(2018)第 110838 号

**崇尚规则 追求卓越**

——东莞理工学院法律与社会工作学院教育教学大讨论文集

强昌文 等主编　　　　责任编辑 王钱超

| | | | |
|---|---|---|---|
| 出 版 | 合肥工业大学出版社 | 版 次 | 2018 年 5 月第 1 版 |
| 地 址 | 合肥市屯溪路 193 号 | 印 次 | 2018 年 6 月第 1 次印刷 |
| 邮 编 | 230009 | 开 本 | 710 毫米×1010 毫米 1/16 |
| 电 话 | 人文编辑部:0551-62903205 | 印 张 | 11.75 |
| | 市场营销部:0551-62903198 | 字 数 | 192 千字 |
| 网 址 | www.hfutpress.com.cn | 印 刷 | 合肥现代印务有限公司 |
| E-mail | hfutpress@163.com | 发 行 | 全国新华书店 |

ISBN 978-7-5650-3994-2　　　　定价:40.00 元

# 目　录

# 培养批判性思维　提高大学生素质[①]

强昌文

当今的社会是处在一个迫切需要创新和鼓励创新的时代，作为教育工作者，我们必须注重培养大学生批判性思维的能力，使他们养成批判性思维的习惯。这是当代实施素质教育的关键目标之一，也应当是高等学校责无旁贷的责任和教学改革的根本走向。

## 一、把握科学内涵，确立培养批判性思维的办学理念

大学生群体的整体素质在国家宏观战略中既是软实力的构成要件，又是硬实力的组成部分。批判性思维是大学生群体整体素质的重要表征，只有认真把握和领会，高校才能确立具有时代特色的办学理念。

### （一）批判性思维的科学内涵

近年来，批判性思维成为中外教育科学界探讨的热点。什么是批判性思维呢？批判性思维就是仔细检查我们自己的思维和他人的思维，使我们的理解力得以增强，从而更清晰更全面地认识世界。批判性思维不是指一种思维方法，而是指对包罗万象的世界进行认识的所有思维方法的总和。批判性思维的内容是丰富的，美国学者约翰和查非明确指出，组成批判性思维的主要活动有能动性思维、独立思考、仔细研究情况或问题、乐于接受新事物和不同的观点、以论据和证据来支持自己的观点、有条理地讨论我们的想法。

我们认为，批判性思维较之于其他认识活动有着明显的特点。

① 本文为东莞理工学院教育教学大讨论征文论文。

1. 批判性思维是一种主动的思考活动

它要求思维的主体不断地发现问题、提出问题，有自己的新观点。在批判性思维中，我们不是被动地等待，更不是消极地接受刺激，而是积极地卷入相应活动中去；不是被动地听候指示，而是建设性地思考，作出自己的判断。主动思考之所以是批判性思维的重要特点，在于它把理性引入人的存在之方方面面，面对事态的发展，积极开动脑筋、作出决定；主动思考是自主的表现，不仅在思考过程中显示出自觉、自为的积极一面，而且主动承担经过思考而作出决定的后果。

2. 批判性思维是一种独立的思考活动

它要求在思维的过程中，首先弄清楚事实，然后对事实加以分析和解释，决不是不加选择的全盘接受。批判性思维不是人云亦云、随声附和，它反对跟着感觉走的心态，也不是自我思维的重新阐述，而是对自己和他人的思维所作的有个性的、独立的思考。也就是说，有自己的立场和见地。当我们相信某种东西、接受某种思想时，我们决不是不分青红皂白，全部予以照收，而是首先采用批判性思维，进行具体分析，作出自己独立的评判，然后决定采纳或拒绝。

3. 批判性思维是一种反思的思维活动

批判性思维实质上就是对思想的思想、对认识的认识，也就是以思想为对象的再思想、再认识的特殊思维的思想活动。哲学家孙正聿把反思概括为“超验性”“批判性”“综合性”“前提性”的基本特性，并且认为批判性是反思的最基本特性。批判性思维就是对思维的反思，对于作出决策、明晰思维、正确推论有着十分重要的意义。

4. 批判性思维是一种审视的思维活动

当我们在进行反思的时候，决不是只见树木不见森林，而是对被反思的思维进行全方位的、多视角的审视，甚至包括其他批判主体的评判。断章取义、以个人爱好进行取舍是批判性思维的大忌。全面审视要求我们的批判性思维能经受批判。只有这样，批判性思维的过程才最符合理性、批判性思维的结果才会最有说服力。

### （二）批判性思维的重要意义

批判性思维是一个民族不可缺少的思维方法，尤其在“信息爆炸”的今天。社会中的各种现象是普遍联系的，面对各种各样、五花八门的宣传、广告、评论、新闻等等，我们必须有清醒的头脑，随时对它们做出评价、进行筛选和过滤，从中找出适合我们的需要的信息，帮助我们较顺利地达到目标。批判性思维在日常生活中的意义如此重大，可是，学校的各项教育、教学活动还沿袭传统的做法，显然不能满足信息社会的需求。因此，我们在强调培养学生解决问题的能力、学习能力、创造能力以及信息处理能力的同时，要将批判性思维放在重要的和首要的地位。

1. 批判性思维是创新的前提

批判性思维中的充满自信、独立自主、乐于思考、不迷信权威等要素决定了批判性思维是创新的前提。只有充满自信，才能说有创新意识的形成可能；只有独立思考，才能有创新实践的良好机会；只有乐于思考，才能有创新能力的发挥空间；只有不迷信权威，才能有创新精神的宽松氛围。

2. 批判性思维是独立人格形成的基础

人类历史是文明的发展史，是物质文明和精神文明水平不断提高的历史。从本质的抽象的整体角度来看，人类历史乃是以人为中心、由人实行的、朝向人的全面自由发展的、个人与社会双重互动的变革与进步的过程。这一过程不仅需要批判性思维的召唤，也突显出批判性思维是一个用批判性思维来教育人、培养人、塑造人的过程。教育历程最能证明这一点。教育是人类历史的重要组成部分，它展示着人文精神的发展历程。大学是人类经验的结晶并加以理性化的产物，集中地体现着历史上的人性智慧、人的活动轨迹和价值取向。大学实际上是社会化行为的理性化程度的提高的表现，是把人类引向离蒙昧和野蛮的动物式行为方式越来越远的精神场所，所以，大学能引导人身处现实感悟历史，体悟有限中的无限，从个别中领略一般，使人超脱于现实。大学不仅有对现实的认定，还包括对现实的理解或诠释。这里不仅要有科学的态度和方法，还要有一种批判性精神贯穿始终，这构成了教育的核心。在商品大潮的冲击下，人们追金逐银之时的浮躁心理、沽名钓誉、贪图富贵等等，成为比较普遍的现象。因此，学习和研究的过程本身就可以提高人的境界，可以帮助人排除种种诱惑，不断净化自己的灵魂，提高自身的素养。在人类的生活中，物质生活是基础，它推动人们注重技术的改造；批判性思维是灵魂，它引导人们过有意义的生活。尽管生活的琐碎和冷峻，使多数民众往往成为追求世俗的现实主义者。但生活需要理想、精神需要光明、时代需要人文。崇高的理想与世俗现实的对峙，由这种冲突所迸发出的浪漫主义色彩，就成为照亮人类精神的火炬，它是一个社会的精神象征。培养批判性思维的大学教育所承载着的凝重的一份，就是对人类历史上的人文的一种梳理，对人类精神的一种追求和憧憬，对人格独立的一种训练和塑造。

3. 批判性思维是面对复杂信息而不失去自我的保障

批判性思维强调：人们面对众多纷繁的主张、观点、信息做出反应时，需要对这些主张、观点、信息特别是对支持它们的理由做出合理的评估。理由是信念、证据、比喻、类比以及其他支持和辩解结论的陈述。这些陈述共同构成了能够表明结论真实或者正确的坚固基础。所以，在批判性思维中弄清理由乃是特别重要的一步。要想在社会交往过程中不失去自我，需要随时识别他人的观点所包含的立场、假设和谬误，只有具有批判性思维，才能在众多信息面前做出适当评价，获取成功、增强力量。

所以，大学必须把培养批判性思维作为提升自身品牌的目标来抓，牢固树立培养大学生批判性思维的办学理念。

## 二、推行教学改革，营造培养批判性思维的生成氛围

培养面向21世纪的高素质人才，已成为当今高等教育的基本任务，并唱响了教学改革的主旋律。高素质人才的基本内涵包括：扎实的理论功底、深厚的人文底蕴、大胆的创新勇气、理性的批判思维。正视我国高等教育，离培养高素质人才的要求还有一段距离，值得检讨之处颇多，作为素质教育工作者，对大学教学的检讨是不可回避的。教学改革的基本思路必须围绕培养批判性思维展开，营造好教学氛围，认真去推行。

### （一）思维训练重于知识灌输

大学课程体系包含着丰富的知识内容和知识体系。知识体系包括两方面：一是学科的性质决定所包含的知识，如基本范畴、术语、命题和判断以及由此而形成的原则和理论；二是非学科的性质所决定但又属于现有教学的知识内容。对于第二类的知识教师应尽量少讲，点到为止，主要靠学生自学。本文所涉及的“知识”是指第一类的学科性质决定所包含的知

识。学习任何一门学科，首先要学习该学科的基本知识，所以大学教学必须把学科的性质决定所包含的知识讲清、讲透。因为：这些知识构成了学科的基本框架，是理解学科的钥匙；这些知识不仅是理解学科，而且是理解和吃透专业知识的重要保证；这些知识构成了专业领域的共同话语，沟通了专业领域各学科之间以及与跨学科之间的交流。

学科的知识固然是教学的重要内容，但思维训练更加重要。思维训练的内容包括很多方面，如对参照系的把握、对思维主线索的理解、对规则和原则的推理、运用，对技术操作、形式和实质的领会，以及深谙学科不是一种孤立的社会现象等。思维训练重于知识的灌输，不是说知识不重要，而是说教学更应重视对学生的思维训练，这是因为：知识是人们的一种智识积累，是一种“固化之物”；思维是人们的一种智慧，是一种“灵动之物”。知识是一堆材料，其本身不能自动构建什么，只有通过思维，才能把知识组织起来，构建人们所需要的东西；知识可以遗忘，但运用知识的思维方式不能遗忘；知识本身是相对凝固不变的，而思维不仅是对知识的运用，而且能创造知识，具有扩张和应变的功能。教学只有重视对学生的思维训练，学生才不会固守现成的知识，而去自觉钻研理论的精义；学生才不会呆滞，而具有灵性；学生才不会把理论与实践截然分开，也不会仅仅在脚本中寻求理论。这样才符合学习的本性，也符合学习的规律。一个民族、一个国家要想站在科学的最高峰，一刻也不能没有理论思维。一个崇尚开放的国度，思维水准起着决定性的作用。对思维的训练，是大学教学应勇于挑起的重任。

### （二）理由阐述重于结论认定

目前，我国高校的本科生是来自高考中获得高分的高中生。高中生受到的教育偏重于结论的正确、准确，这主要缘于应试教育，并形成了思维定式。入大学后，大学生们对一本本很厚的课本，多数不像以前那样认真地抠，学习往往是被动的，但为了考试过关，不甘于落伍，只好上课记笔记、下课对笔记、考试背笔记，以至形成：老师写在黑板上或 PPT 上的是条条框框、学生抄在笔记本上的是条条框框、考试答案是条条框框，整个教学环节呈现“条条框框”的循环。目前，我国高等院校的课程基本上采取笔试来考核学生的学习状况，为了适应大学生的学习状况，教材尽量做到浅显易懂，这样就成了结论性的东西过多。如若教师图个省事，就采取灌输式的说教方法来上课，点出结论，然后举点例子加以证明。这样表面上看似乎无任何漏洞，学生又找不到问题，但这样的教学必然使学生感到枯燥乏味，以致出现“上课不睡觉真是奇迹”的现象。

为了克服上述状况，除了教材改革外，教师在教学中必须对每一个问题的结论在作出之前或作出之后，详细阐述得出结论的理由。那种“没有理由、没有原因”和“因为爱，所以爱”的非论理式的感性形式，对大学教学是完全不适用的。在阐述理由时，必须注重：（1）理由的逻辑性；（2）理由的可靠性；（3）理由的说服力。教师在阐述理由的过程中，让学生明白诸多理论问题的结论可以不止一个，究竟选择哪一个结论，关键看理由能否站得住脚；同时让学生明白这样的道理：科学诸多问题的结论不一定有正确与错误之分，但肯定有合理与不合理之分。同样，这样的教学也为大学生将来的工作打下一个良好的基础：重在说理，让人信服。

### （三）批判意识重于认同习惯

大学生们满怀希望在大学里学到很多东西，新生特别寄希望在课堂里学到很多东西，老师说什么就记什么，书上怎么讲的就背什么，认为这样下去，毕业后会成为一个满腹经纶的才子，这是典型的认同型的思维方式或习惯。这种认同习惯倾向于对现成理论、知识的接受和对流行观点的附和。这非常不利于高素质人才的培养。高素质人才的最主要特点是具有创造力。创造力的源泉在于具有批判意识。这种批判意识表现为对现成理论、知识有选择性地接受和对流行观点的冷静思考。前人已经告诉我们：科学行为的标志正在于人们甚至对自己最珍爱的某些理论持某种怀疑态度。盲目相信一种理论并不是理智上的美德，而是理智上的犯罪。只有具有批判性思维的人才具有独立性而不会随波逐流，从而在看问题、办事情的过程中不陷入俗套之中，能够把握好适当的切入点并显示出强劲的创新力。

大学教学必须重视培养学生的批判意识，这首先是通过渲染和强化理论的自我批判意识而得以展开的：一方面，注重对现实的批判即实践批判；另一方面，注重对理论自身进行批判即理论批判。这两方面的结合就完成了理性批判。只有进行这两方面的批判，才能使理论成其为理论，才能使教师对学生的人格具有感染性。因为理性批判是教育者所承载或者应当承载的社会责任，也是教育者所承载或应当承载的学术责任；只有进行这两方面的批判，才能使理论走出肤浅现状；只有重视这两方面的批判，才能培养出具有独立人格的现代公民。

### （四）精神熏染优于技术掌握

大学之所以是大学，在于不仅仅介绍专业的知识，还在于研究实践的技术。大学作为一种独立的社会现象，各个方面都有着自己独特的技术。技术相对于人来说是客体，具有工具性。对技术的掌握，当然是大学教学的一个目的，但我们必须明白，良好的技术既可以引导人们走向健康、正确的生活之路，也可以诱惑人们用于邪恶之目的。犹如科学一样，既可以转化为社会生产力，为人类谋福利，也可以破坏生产力，甚至可以摧毁人类。掌握的现代技术水平越高，破坏、危害社会的本领也可能越大，腐败的严重现实告诉我们，那些熟悉专业知识、精通西方技术的人对社会的破坏性通常是大于普通百姓的。西方社会的现状也说明了同样的问题。克服现代技术的负面效应的必由之路是加强人文精神的熏染。

人文精神指的是包容和体现的人性以及时代精神，集中体现在价值的诸多因素之中，如公平、自由、正义、效率、民主、合理等。诸多价值体现了人的基本需求，只有体现了这些价值，人才能成其为人；这些价值体现了人的终极追求，只有体现这些价值，人才能在社会实践中不断扬善抑恶、不断完善自己；诸多价值序列等同于时代精神，只有对其精神的把握，才能站在历史浪潮的前沿，才能把握人的本质和灵魂。面向21世纪的高素质人才，深谙人文精神是其高素质的题中应有之义。上述诸多价值和时代精神是大学教学的重要组成部分，所以在熏染学生的人文精神上，大学教学理应发挥重要的功能。我认为大学教学的诸环节应贯穿的主旨是：熏染人文精神，捍卫人的尊严，胸怀人类命运，关注生活实践。

## 三、弘扬权利意识，探索培养批判性思维的基本路径

任何社会现象，都是一定物质、精神因素的反映，大学生批判性思维还很落后，存在的问题很多。原因也是多方面的，我们要总结经验教训，

力争走在时代前列。我们认为文化传统的负面因素的影响必须引起大学教育工作者的高度重视。无论是大学教师，还是大学生，如果没有主体意识，不可能形成批判性思维。主体意识在法律上的表现就是有权利意识或观念，只有有了权利意识，人们才认识到批判、反思、不盲从等不仅具有道德确认的正当性，而且是法律赋予的权利。大学是现代文明的摇篮，努力建设现代大学是每一个教育工作者肩负的重任。我认为，要探索批判性思维的法理依据，就必须以权利为坐标，注重法治观念的培养。

## （一）学校要高度重视学生的知识结构

高等学校是培养人才的精神家园，学生完整的知识结构的形成是学校要考虑的重点。我们的大学在培养大学生权利观念要在以下方面下功夫：

1. 凸显权利义务的讲课线索

高校在对学生法律素质培养上通常只开设一门课，即“思想道德修养与法律基础”（法律专业除外），这门课程教学任务一般由思想政治理论教学部或马克思主义学院教师承担，从学校到学生对这门课都不会有足够的重视，课程安排不科学、缺乏高水平的师资、教学方法比较落后。认识到不足，首先就要对教材进行精心的加工或整理，对“思想道德修养与法律基础”课的法律部分要确立好讲课的主线索，我们认为整个法律基础部分的教学要以权利和义务为主线来讲解。在教学中教师必须理论联系实际，既要阐述法学理论，又要用之剖析典型案例，以增强学生学习的可感受性和理解性，增强学生运用理论分析问题、解决问题的能力。

2. 变革传统文化的教材内容

改革开放40年了，法治已经成为社会主义核心价值观的重要组成部分，大学生权利观念落后的原因，可以说与大学教学内容的落后或不妥当存在一定的联系。多数人文教材的内容是对中国传统文化持充分肯定的立场。儒家文化是我们传统文化的主线，“仁”“义”“礼”“智”“信”等心性伦理精髓为我们的传统文化做出了卓越贡献，但其倡导的利他主义也在一定程度上阻碍了人们获取利益的进取之心。因此，学生接受了某些传统文化的精神熏染，往往会淡化权利观念，难以形成批判性思维。

3. 树立平等开放的学习理念

培养学生是通过“教”和“学”两个方面来完成的。教师不能仅靠现代化的教学手段和技术来吸引学生，更重要的是要有全新的学习理念，要有“以人为本”的教育思想，不断更新自己的知识结构，发挥教师的人格影响力，保持大学生始终受到最前沿和最富时代气息的知识熏染，克服学习中的功利性，计算机、外语等课程的知识始终是手段，不断体会和总结生活的价值取向和深层次底蕴。要培养大学生的批判性思维，整个教育过程应该置于平等开放的环境之中。教育对象是具备了一定的自由选择、独立判断和自主推理的大学生，教师要鼓励学生进行质疑，要本着“真理越辩越明”的原则与学生就社会现实问题、热点问题展开平等的讨论、对话，并适当地加以引导。当然，这意味着对教师自身素质提出了更高的要求。要培养大学生的批判性思维，教师首先必须具备批判性思维和批判精神，具有深度分析和高度综合能力，具有宽容的胸怀和平等的意识，能够随时把握学生的思想脉搏，紧跟学生的思维节奏，及时引导学生朝批判性思维方向发展。

## （二）学校的管理体制要符合时代要求

目前大学的管理体制不健全，跟不上高等教育的飞速发展，更不利于大学生批判性思维的培养。随着高校的扩招，高等学校管理工作者疲于奔命，常常处于只出劳力不出思想的状况。高校的管理体制要在以下几个方面进行改革，才会有利于学生法治观念的培养和形成。

1. 培养学生的参与意识

学校事项的决定权高度集中，在很多情形下，中层干部和教授都不知晓，更谈不上学生的参与，管理者一般认为学生没有知情的必要性。其实，大学是教师的工作场所，也是大学生学习和生活的园地，学校的一草一木与他们都休戚相关。只有扩大学生的参与广度和提高学生的参与深度，才能逐步缩小学生与学校之间的距离，从而使他们真正把学校当成他们的家园，才有利于其现代人格的培养，才有利于权利观念的形成。东莞理工学院于2017年春天开展的“知行合一、立德树人”教育教学大讨论，倡导老师和学生共同参与讨论就是一个很好的尝试。

2. 发扬学生的主体精神

认为学生是学校的主人翁的教育理论还是比较成熟的、成体系化的，大学里的主人翁应该由大学领导、教师和学生共同组成，而现状是大学生几乎成了完全的被管理者，表达自己呼声和愿望的渠道并不畅通，主体地位缺乏，大学把学生看成是加工和生产出来的产品，法治观念自然是难以养成的。

3. 创造学生的自治文化

根据心理学的原理，大学生不同于中学生，他们应有自治的智力和心理基础。所谓的大学生自治，指的是不论是作为个体的学生还是作为组织的学生结合的群体（学生会、其他各种学生组织），都不是扮演学校落实任务和政治宣传的中间机构的角色，而是纯粹为了学生的学习、生活和健康成长的自由空间或者联系网络。自治的大学生具有尊严和平等独立的人格，自治的大学生更容易互相宽容，自治的大学生更能够彼此信任和合作，自治的大学生更具有责任感。所以，自治的大学生活是权利观念生存的土壤的“母基”，只有自治的精神和原则体现在学生的生活的全部领域并持续维系之时，权利的土壤才会真正地生成。学校要有这个大度和胸怀来放手让学生自己管理自己、自己“治理”自己。

# 地方院校应用型法律人才培养模式的创新与实践

## ——以东莞理工学院法学专业为例

郑玉敏

随着东莞理工学院从定位于培养适应地方经济和社会发展需要的应用型人才的地方院校到建设高水平理工科大学的发展历程，法学专业也经历了从定位于培养应用型法律人才到培养适应东莞需要的复合型、文理交叉的应用型人才的不断探索。法学专业建立以来特别是近三年充分利用学校建设高水平理工科大学的机遇，根据东莞理工学院的定位和东莞的社会发展、法治建设对法律人才的特殊需求，在法律人才培养的地方性、应用性和复合性三个方面进行了探索和创新。

一是坚持法律人才培养的地方性，形成地方与高校协同培养法律人才的机制。实现法学教育、法学研究与地方法治建设的深度融合。

（1）努力争取地方党委、人大、政府、司法机关的全方位支持，政法委、人大、政府、司法机关有关领导进入专业指导委员会，指导和参与人才培养方案的制订。（2）和律师事务所、法院、仲裁机构以及地方政府签订合作培养人才协议和全方位合作协议。地方行业全过程参与学生培养，包括真实法庭进课堂，律师、法官为学生开办讲座和讲授专业课程。（3）根据地方需求改革课程，配合地方需要安排实习时间。形成常态化的学生实习安排和对接机制。（4）法学教师在地方立法、地方法治发展研究、镇街依法行政指导中发挥重要作用，实现了法学教育、法学研究与地方法治建设的深度融合。

二是贯彻法律人才培养的应用性，实现学生实践能力培养、实践性教学体系建立、实训课程改革、实训教材编写与集中实习环节落实一体推进，充分发挥第二课堂和科研教学平台对学生能力培养的助推作用。

（1）总结凝练法学专业人才的核心能力，是指运用法律概念、原理和规则发现法律事实和法律问题，并运用法律思维方式分析法律关系，处理法律问题的技术和能力。（2）建立与学生职业能力培养相适应的实践教学体系，包括课内实训、综合实训、岗位认知、毕业实习、第二课堂等密切联系的实践教学体系。（3）通过开设综合法学实训课程，实现训练学生司法考试技能与培养学生职业能力的一体化运作。（4）落实集中实习环节，聘请行业人才担任职业导师。（5）充分发挥教学科研平台对培养学生学习和研究能力的促进作用。

三是适应东莞对法律人才的需求培养复合型法律人才和知识产权人才。

（1）法学专业和经管专业协同培养，举办培养复合型法律人才的卓越法律人才培养实验班；（2）法学专业与理工科专业协同培养，举办培养知识产权人才的辅修和双学位班。

法学专业在东莞理工学院 2014—2015 学年专业评估中结果为优秀，在全校非工科专业中排名第一。2016 年法学专业学生就业率达到 99.32%，专业对口率为 71.92%；最近三年在校学生获得省级以上奖励 6 项 8 人次，司法考试通过率达到全国平均通过率的 3 倍。2016 年法学专业教师完成的“地方院校应用型法律人才培养模式的创新与实践”获得东莞理工学院第七届教学成果奖一等奖，为非工科专业中唯一一个获得一等奖的教学成果。

## 一、法学专业人才培养模式创新的背景分析

法学本科专业 2004 年开始招生，目前在校生 692 人，2016 年招生数为 110 人。目前法学专业除开办普通班外，还开办卓越法律人才实验班和法学（知识产权）辅修学位班，其中卓越法律人才培养实验班学生 90 人，法学（知识产权）辅修学位班学生 127 人（非法学专业学生）。

法学专业开办之初，主要是沿用以教师的理论讲授为主和以课堂教学为中心的封闭的培养方式与方法。传统的学科教育导致了法学专业定位不清、应用人才属性未能彰显；培养的人才与地方需求脱节；学生司法考试

通过率低，毕业生就业专业对口率低，学生转专业比例高等问题。主要可归结为单一的法学学科人才培养与地方实际需要的复合型、应用型人才的不相适应和一般性的法学人才培养与东莞的地方发展对法律人才的个性需要的不适应。

## 二、法学专业人才培养模式创新的理论研究和实践探索过程

2007 年“应用型法律人才培养与法学专业实践教学体系改革的研究与实践”获得广东省教育厅立项，法学专业开始了人才培养模式创新的理论研究和实践探索。

### （一）实现法学专业人才培养模式创新首先必须明确人才培养定位

《教育部　中央政法委员会关于实施卓越法律人才教育培养计划的若干意见》（教高〔2011〕10 号）要求探索“高校—实务部门联合培养”机制；《中共东莞市委关于深入贯彻党的十八届四中全会精神全面深化法治东莞建设的实施意见》提出的根据法治东莞建设的需要，制定法律人才教育培养计划，创新法治人才培养机制，注重法学理论教育和实践结合，培养造就法治人才及后备力量的要求；《东莞理工学院“十三五”发展计划》明确要求学校培养勇于担当、善于学习、敢于超越、社会适应能力强、踏实肯干、具有创新和竞争意识、富有团队合作精神、身心健康的高素质应用型创新人才。

根据以上要求和学校人才培养定位，法学专业确定培养东莞地方需要的应用型、复合型法律人才。这种定位与东莞理工学院的办学宗旨、层次、功能和目标相符；同时也符合国际范围内法律人才培养的一般规律（美国和澳大利亚等国法律专业都是以培养应用型、复合型法律人才为目标，要求从事法律工作的学生一般具备两个专业背景，获得两个学位）。此后法学专业开始进行以应用性、复合性、地方性为导向的系统改革和人才培养模式创新。

## （二）对人才培养模式、课程体系、培养机制、实践教学体系构建进行系统研究

法学专业一共获得十项省级教改项目立项：

1. 专业综合改革类——强昌文主持2014年广东省质量工程项目——法学专业综合改革（立项粤教高函〔2014〕97号）。

2. 人才培养体系类——郑玉敏主持广东省普通高校特色创新类项目“地方理工科大学法学专业培养创新研究”获得2016年广东高校省级重点平台和重大科研项目立项。

3. 人才培养模式和培养机制类——郑玉敏主持2014年度广东省教育教学成果奖培育项目——地方卓越法律人才培养机制创新的理论与实践（立项粤教高函〔2015〕72号）；郑玉敏主持2014年广东省质量工程项目——卓越法学人才培养计划试点专业（立项粤教高函〔2014〕97号）。

4. 实践教学体系类——郑玉敏主持省级教改项目“应用型法律人才培养与法学专业实践教学体系改革的研究与实践”（立项粤教高函〔2007〕79号，结项粤教高函〔2012〕134号）。

5. 教学方法类——郑玉敏主持广东省教育科学“十一五”规划2010年度课题“应用型法律人才培养与教学手段和教学方法的改革”（粤教科办函〔2011〕2号）。

6. 课程建设类——郑玉敏主持建设省精品资源共享课“合同法学”（粤教高函〔2012〕204号）；郑玉敏主持2015年度广东省高等教育教学改革项目（本科类）综合教改项目“面向卓越法律人才培养的民商事法课程群改革与建设”（立项粤教高函〔2015〕173号）；龚红兵主持2014年广东省教研项目“应用型本科院校‘知识产权法’课程案例化、网络化和双语化教学平台建设的研究与实践”（粤教高函〔2014〕107号）；龚红兵主持2011年广东省教研项目“高等院校法学专业‘知识产权法’课程双语教学的理论与实践研究”（粤教科办函〔2011〕2号）。

## （三）人才培养模式创新实践正式实施

2014年，根据东莞经济和社会发展对应用型法律人才的需求特点，法学专业考试调整专业结构，改革人才培养模式，开设了卓越法律人才培养试验班和法学（知识产权方向）辅修学位和辅修专业，探索培养适应东莞

经济社会发展需要的复合型、文理交叉的应用型法律人才。

## 三、法学专业人才培养模式创新的主要内容和具体做法

### （一）法学专业人才培养模式创新的主要内容

1. 明确人才培养定位：根据东莞的地方需要和适应东莞理工学院建设高水平理工科大学需要，明确法学专业人才培养目标，建立法学人才培养体系。

2. 重构课程体系：根据应用型法律人才的职业能力培养和东莞地方对法律人才的需要改革课程体系。

3. 构建实践教学体系：建立实践教学体系是培养应用型人才的重要环节，目的是培养学生的职业能力和职业素质。

4. 建立“高校—地方”联合培养法律人才机制。

5. 根据新的人才培养定位的需要，建设师资队伍、改革教学方法并积极编写应用型教材。

### （二）法学专业人才培养模式创新的具体做法

法学专业的人才培养模式创新是一项系统工程，改革的关键在于以能力为中心设置课程，以课程建设带动教材建设、实习基地建设、师资队伍建设；改革的重心在于以学生为本，遵循教育教学规律，符合学生身心发展规律；改革的目标指向为服务地方经济和社会发展需要。

1. 以培养适应地方需要的应用型法律人才为目标，从学科教育转变为职业教育；从传统的培养理论人才转变为培养实务人才；从重视学生理论灌输转变为重视学生职业能力培养；从培养一般性法律人才转变到培养适应东莞地方需要的应用型法律人才。根据以上定位设计人才培养方案和人才培养体系，进行人才培养实验。

2. 明确培养人才的就业岗位和核心职业能力。根据东莞理工学院的定位——地方应用型大学，确定法学专业的目标是培养适应地方需要的应用型法律人才。学生就业的岗位群定位为以东莞为中心的辐射珠三角地区的包括法官、检察官、律师、法律顾问以及其他企事业单位从事法务工作的

技能型、实务型人才。由于东莞以及珠三角地区经济发达，对于懂法律又懂管理和经济的复合型人才需求旺盛，因此法学专业人才培养模式改革确定以应用性、复合性、地方性为导向。

科学界定专业人才的核心能力即职业能力。所谓职业能力，主要是指运用法律概念、原理和规则发现法律事实和法律问题，并运用法律思维方式分析法律关系、处理法律问题的技术和能力。为了培养这种技术和能力，必须实施实践性教学方法，训练学生在具体案件中学习法律、分析法律、解释法律和使用法律，使学生掌握找到法律和使用法律的方法，形成其法律职业能力。法学专业的整个培养过程就是学生职业能力的养成过程。无论是学生司法考试的准备还是学生的实习实训都服务于训练学生分析法律、解释法律和使用法律的能力。人才培养模式改革的重点之一就是如何帮助学生通过全国司法考试，包括通过改革教学方法、改革考试方法、改革教材编写等途径进行。近年改革力度最大的就是法学综合实训课程和民法案例实践教学等综合性课程的设置。职业能力养成就是如何让学生在具体案件中学习法律、分析法律、解释法律和使用法律。

3. 根据人才培养模式定位改革课程体系。学校根据东莞地方对于法律人才的需要，在法学普通班增加民商经济法课程比重，开设法学专业综合实训、民法案例实践教学项目型课程；卓越法律人才培养实验班增加经管类课程；在法学（知识产权方向）辅修学位班，开设一半的知识产权实务课程。

4. 教学方法改革。改革课程遵循教育教学规律，首先，通过法条的解析与运用、案例教学、情景式教学、模拟法庭等符合学生身心发展规律，寓教于乐、通俗易懂、理论联系实际的教学方法的使用，通过针对性明显的法学综合实训以及民法案例实践教学课程的开设，整个法学专业教学改革充分体现以学生为本，促进法学教育健康、持续、协调发展的要求；其次，实行真实法庭进课堂教学，通过情景式教学方法助力学生职业能力养成。

5. 培养机制的转变。学校与地方实务部门联合培养，聘请23位实务界人士为兼职教师，建立17个稳定的实习基地；与东莞市第二人民法院、广东省众达律师事务所、广州市仲裁委员会东莞分会签订合作培养人才协议，与广东省众达律师事务所、道滘镇人民政府、横沥镇人民政府签订全面合作协议。

校所合作、校地合作开发课程：针对用人单位的需要，学院有针对性地开设课程。比如和法院合作开发模拟法庭课程，实现真实法庭进课堂，从2013—2014学年下学期开始，由司法实务部门与法学专业共同合作开设，不仅实现法官、律师参与课堂教学，而且实现了巡回法庭进课堂。东莞市中级人民法院、东莞市第一人民法院都在东莞理工学院的模拟法庭开过庭，东莞市第一人民法院院长陈斯、东莞市中级人民法院知识产权庭庭长程春华都亲自挂帅开过庭；另一门课很经典，“案例判解”是由众达律师事务所的律师集体给学生们开设的课程，深受学生们欢迎；法学专业还准备与东莞市人大法工委合作开出地方立法实务课程。

6. 实践教学体系构建。学校构建了包括课内实训、综合实训、岗位认知、毕业实习、第二课堂等实训课程相互密切联系的实践教学体系。法学专业为培养学生的职业能力，在卓越法律人才培养过程中形成了第二课堂体系，包括法律辩论赛、法学专业知识竞赛、法学经典读书会、新法解析会等的系列定期活动，有力助推了学生职业能力和职业伦理的养成。近年来法学专业重点落实了集中实习环节，实行统一管理的集中实习，切实把每个实践环节做实。

7. 学校根据人才定位和人才培养需要，建设了一支专兼职结合的师资队伍，编写了适合学生能力培养需要的应用型教材。

# 四、法学专业人才培养模式创新的主要成果

## （一）人才培养模式改革成果

学校分别制订了培养应用型法律人才的法学专业人才培养方案，培养“商—法”复合的应用型法律人才的卓越法律人才班培养方案以及培养“工—法”交叉的知识产权法律人才培养方案。

**表1　法学专业人才培养方案一览表**

| 序号 | 名　称 | 培养目标 | 知识结构 | 培养机制 |
| --- | --- | --- | --- | --- |
| 1 | 法学专业人才培养方案 | 适合地方需要的应用型法律人才 | — | 高校—地方协同培养 |

（续表）

| 序号 | 名　称 | 培养目标 | 知识结构 | 培养机制 |
| --- | --- | --- | --- | --- |
| 2 | 卓越法律人才培养实验班人才培养方案 | 适合地方需要的应用型、复合型法律人才 | 商—法复合 | 高校—地方协同培养<br>法学—经管协同培养 |
| 3 | 法学（知识产权方向）辅修学位培养方案 | 适合地方需要的文理交叉的知识产权法律人才 | 工—法交叉 | 法学—理工科协同培养 |

## （二）发表教学改革论文情况

（1）强昌文、郑玉敏主编：《稳中求变——法学教学改革论文集》，2015 年 11 月由合肥工业大学出版社出版；

（2）强昌文、郑玉敏主编：《法学专业人才培养模式研究》，2017 年 5 月由合肥工业大学出版社出版。所有论文都是法学老师撰写，集中体现了法学专业人才培养模式改革和创新的成果。

**表 2　法学专业出版教学研究专辑一览表**

| 序号 | 名　称 | 主　编 | 参　编 | 出版时间 | 出版社 |
| --- | --- | --- | --- | --- | --- |
| 1 | 稳中求变——法学教学改革论文集 | 强昌文<br>郑玉敏 | 全体法学教师 | 2015 年 11 月 | 合肥工业大学出版社 |
| 2 | 法学专业人才培养模式研究 | 强昌文<br>郑玉敏 | 全体法学教师 | 2017 年 5 月 | 合肥工业大学出版社 |

## （三）法学专业教师队伍建设情况

**表 3　法学专业专任教师情况一览表**

| 序号 | 姓 名 | 性别 | 年 龄 | 学　位 | 职　称 | 所学专业 | 毕业院校 | 毕业院校层次 |
| --- | --- | --- | --- | --- | --- | --- | --- | --- |
| 1 | 葛洪义 | 男 | 56 | 法学博士 | 教　授 | 法学理论 | 西北政法大学 | 省部共建 |
| 2 | 强昌文 | 男 | 51 | 法学博士 | 教　授 | 法学理论 | 吉林大学 | 985 |
| 3 | 郑玉敏 | 女 | 51 | 法学博士 | 教　授 | 法学理论 | 吉林大学 | 985 |

（续表）

| 序号 | 姓名 | 性别 | 年龄 | 学位 | 职称 | 所学专业 | 毕业院校 | 毕业院校层次 |
|---|---|---|---|---|---|---|---|---|
| 4 | 徐　波 | 男 | 55 | 法学硕士 | 教　授 | 经济法 | 吉林大学 | 985 |
| 5 | 汪辉勇 | 男 | 54 | 法学博士 | 教　授 | 法哲学 | 湘潭大学 | 211 |
| 6 | 成　伟 | 女 | 50 | 法学硕士 | 教　授 | 思想政治 | 上海交通大学 | 985 |
| 7 | 邓　斌 | 男 | 44 | 法学博士 | 副教授 | 刑法学 | 吉林大学 | 985 |
| 8 | 韩中节 | 男 | 42 | 法学博士 | 副教授 | 民商法学 | 西南政法大学 | 部市共建 |
| 9 | 王　平 | 男 | 53 | 法学博士 | 副教授 | 民商法 | 武汉大学 | 985 |
| 10 | 孙志超 | 男 | 36 | 法学博士 | 副教授 | 经济法学 | 香港城市大学 | 港地名校 |
| 11 | 周立英 | 女 | 42 | 法学硕士 | 副教授 | 诉讼法学 | 吉林大学 | 985 |
| 12 | 龚红兵 | 男 | 49 | 法学博士 | 副教授 | 民商法 | 意大利<br>博洛尼亚大学 | 海外名校 |
| 13 | 李文伟 | 女 | 49 | 法学硕士 | 副教授 | 知识产权法 | 中山大学 | 985 |
| 14 | 景春兰 | 女 | 47 | 法学硕士 | 副教授 | 民商法 | 西南政法大学 | 部市共建 |
| 15 | 王敬华 | 女 | 47 | 法学硕士 | 副教授 | 国际私法 | 武汉大学 | 985 |
| 16 | 沈亚萍 | 女 | 38 | 法学博士 | 副教授 | 民事诉讼法 | 中国政法大学 | 985 |
| 17 | 夏能礼 | 男 | 41 | 管理学<br>博士/<br>法学硕士 | 副教授 | 公共管理/<br>国际经济法 | 清华大学 | 985 |
| 18 | 陈　晨 | 女 | 36 | 法学硕士 | 副教授 | 民商法 | 北京大学 | 985 |
| 19 | 魏红征 | 男 | 38 | 在读博士 | 副教授 | 行政学 | 西北大学 | 211 |
| 20 | 石　璠 | 女 | 36 | 法学博士 | 讲　师 | 法制史 | 中国政法大学 | 985 |
| 21 | 罗兆婧 | 女 | 34 | 法学博士 | 讲　师 | 经济法学 | 英国格拉斯哥大学 | 海外名校 |
| 22 | 廖训强 | 男 | 52 | 教育学学士 | 助　研 | 学校教育 | 西南师范学院 | 985 |
| 23 | 刘兵红 | 男 | 45 | 法学博士 | 讲　师 | 民商法 | 西南政法大学 | 部市共建 |
| 24 | 邓新龙 | 男 | 48 | 法学硕士 | 讲　师 | 诉讼法 | 西南政法大学 | 部市共建 |
| 25 | 张建超 | 男 | 43 | 法学硕士 | 工程师 | 知识产权 | 武汉大学 | 985 |
| 26 | 黄广进 | 女 | 39 | 法学博士 | 讲　师 | 刑法学 | 西南政法大学 | 部市共建 |
| 27 | 杨少星 | 男 | 37 | 政治学博士 | 讲　师 | 政治学 | 吉林大学 | 985 |
| 28 | 刘小年 | 男 | 40 | 政治学博士 | 讲　师 | 政治学 | 南京大学 | 985 |
| 29 | 吉海荣 | 女 | 40 | 法学硕士 | 讲　师 | 刑法学 | 武汉大学 | 985 |

表4　法学专业外聘行业企业兼职教师情况一览表

| 序号 | 姓　名 | 学　位 | 单位与职务 | 聘任时间 |
|---|---|---|---|---|
| 1 | 余辉胜 | 法学硕士 | 东莞市第一检察院副检察长 | 2014.9—2017.9 |
| 2 | 马立云 | 法学硕士 | 广东法制盛邦（东莞分行）律师事务所主任 | 2014.9—2017.9 |
| 3 | 陈国辉 | 法学硕士 | 广州仲裁委员会（东莞分会）会长 | 2014.9—2017.9 |
| 4 | 李非淯 | 法学硕士 | 广州仲裁委（东莞分会）执行会长 | 2014.9—2017.9 |
| 5 | 余新喜 | 法学博士 | 深圳检察院检察员（副厅级） | 2014.9—2017.9 |
| 6 | 范德繁 | 法学博士 | 深圳市委编制办综合处处长 | 2014.9—2017.9 |
| 7 | 陈锡稳 | 法学博士 | 东莞市横沥镇党委书记 | 2014.9—2017.9 |
| 8 | 杨朝琴 | 法学硕士 | 东莞市松山湖管委会委员 | 2014.9—2017.9 |
| 9 | 戴俊勇 | 法学硕士 | 东莞市第一人民法院副院长 | 2014.9—2017.9 |
| 10 | 吴美良 | 法学硕士 | 东莞市知识产权局副局长 | 2014.9—2017.9 |
| 11 | 程春华 | 法学博士 | 东莞中级人民法院新型审判庭庭长 | 2014.9—2017.9 |
| 12 | 陈　葵 | 法学硕士 | 东莞市第二人民法院院长 | 2014.9—2017.9 |
| 13 | 陈　斯 | 法学博士 | 东莞市第一人民法院院长 | 2014.9—2017.9 |
| 14 | 胡志伟 | 法学硕士 | 东莞市第一人民法院松山湖法庭庭长 | 2014.9—2017.9 |
| 15 | 柯晓玲 | 法学硕士 | 东莞市中级人民法院民三庭副庭长 | 2014.9—2017.9 |
| 16 | 周广荣 | 法学硕士 | 广东众达律师事务所主任 | 2014.9—2017.9 |
| 17 | 张敬智 | 法学硕士 | 广东历维永盛律师事务所主任 | 2014.9—2017.9 |
| 18 | 杨宗仁 | 法学博士 | 广州知识产权法院院长 | 2014.9—2017.9 |
| 19 | 汤瑞刚 | 法学硕士 | 广东赋诚律师事务所主任 | 2014.9—2017.9 |
| 20 | 陈锡康 | 法学硕士 | 广东陈梁永矩律师事务所主任 | 2014.9—2017.9 |
| 21 | 杨建成 | 法学硕士 | 广州南沙区人大常委会副主任 | 2014.9—2017.9 |
| 22 | 骆世明 | 法学硕士 | 广东闻彰律师事务所主任 | 2014.9—2017.9 |

## （四）人才培养合作单位和集中实习的校外实践基地建设成果

截至2016年8月31日，法社学院法学专业共建设了17个校外专业实践教学基地。其中3个为培养卓越法律人才合作单位，分别为广东众达律师事务所、东莞市第二人民法院、广州市仲裁委员会东莞分会；3个为全面合作共建单位：分别为广东众达律师事务所、横沥镇人民政府、道滘镇人民政府。而且东莞市中级人民法院、东莞市第一人民法院、东莞市第二人民法院、东莞市第三人民法院是法学专业学生的常年实践基地，东莞市地方两级法院共计有40余个专业法庭和派出法庭，从生均实践基地数量方面看，法学专业平均每5名学生就建有一个稳定的、管理规范且是条件良好的校外实践教学基地。

**表5　法学专业人才培养合作单位和校外实践教学基地一览表**

| 序号 | 名　称 | 合作性质 |
|---|---|---|
| 1 | 东莞市中级人民法院 | 常年实践基地 |
| 2 | 广东君政律师事务所 | 校外实习基地 |
| 3 | 广东海联泰达律师事务所 | 校外实习基地 |
| 4 | 东莞市人民检察院 | 校外实习基地 |
| 5 | 广州仲裁委员会 | 卓越法律人才培养合作单位 |
| 6 | 广州仁之仁律师事务所 | 校外实习基地 |
| 7 | 东莞市第三市区人民检察院 | 校外实习基地 |
| 8 | 东莞市第二市区人民检察院 | 校外实习基地 |
| 9 | 东莞市第一市区人民检察院 | 校外实习基地 |
| 10 | 东莞市第三人民法院 | 常年实践基地 |
| 11 | 东莞市第二人民法院 | 常年实践基地，卓越法律人才培养合作单位 |
| 12 | 东莞市第一人民法院 | 常年实践基地 |
| 13 | 东莞市道滘镇人民政府 | 合作共建单位 |
| 14 | 东莞市名道律师事务所 | 校外实习基地 |
| 15 | 东莞市桥达律师事务所 | 校外实习基地 |
| 16 | 广东众达律师事务所 | 卓越法律人才培养合作单位，合作共建单位 |
| 17 | 横沥镇人民政府 | 合作共建单位 |

### （五）法学专业产教合作成果：法学专业为以下单位提供法律咨询服务和课题研究服务

**表6　法学专业人才产教合作单位一览表**

| 序号 | 合作单位 | 合作内容 | 是否为签约合作单位 |
|---|---|---|---|
| 1 | 东莞市人大常委会 | 立法评估与咨询 | 计划签约合作单位 |
| 2 | 东莞市政法委 | 课题研究 | 计划签约合作单位 |
| 3 | 东莞市法制局 | 政府法律顾问与行政复议参与 | 计划签约合作单位 |

（续表）

| 序号 | 合作单位 | 合作内容 | 是否为签约合作单位 |
|---|---|---|---|
| 4 | 东莞市司法局 | 公益法律服务和课题研究 | 计划签约合作单位 |
| 5 | 东莞市国土局 | 课题研究 | 计划签约合作单位 |
| 6 | 东莞市妇联 | 公益法律服务和课题研究 | 计划签约合作单位 |
| 7 | 松山湖管委会 | 课题研究 | 已经为签约合作单位 |
| 8 | 道滘镇政府 | 法律顾问与课题研究 | 已经为签约合作单位 |
| 9 | 横沥镇政府 | 法律顾问、课题研究、法律培训 | 已经为签约合作单位 |
| 10 | 凤冈镇政府 | 课题研究、法律培训 | 计划签约合作单位 |
| 11 | 寮步镇政府 | 公益法律服务 | 计划签约合作单位 |
| 12 | 东莞市中院 | 课题研究 | 已经为签约合作单位 |
| 13 | 广州仲裁委 | 参与仲裁 | 已经为签约合作单位 |
| 14 | 东莞市科技局 | 知识产权顾问、课题研究、人才培训 | 已经为签约合作单位 |

## （六）教学平台（基地）建设

法学专业共有7个教学平台，其中省级教学平台4个。东莞地方立法研究评估与咨询服务基地（简称立法基地）是东莞市人大常委会与东莞理工学院合作成立的服务型机构，具体由东莞理工学院法学专业来承办，常年由法学专业老师带领学生共同为地方立法开展工作，自2015年成立以来，开展的工作非常多，对学生的培养起到了很大的促进作用。

**表7 法学专业教学平台一览表**

| 序号 | 名 称 | 批准部门（合作单位） | 批准年份 |
|---|---|---|---|
| 1 | 中国（东莞）知识产权维权援助中心东莞理工学院工作站 | 广东省知识产权局 | 2016 |
| 2 | 广东省社会工作人才培育中心 | 广东省民政厅、市民政局 | 2015 |
| 3 | 中国知识产权远程教育平台（广东省知识产权远程教育分平台） | 广东省知识产权局 | 2014 |
| 4 | 知识产权培训基地 | 广东省知识产权局和省教育厅 | 2012 |
| 5 | 知识产权促进中心 | 东莞市科技局 | 2005 |

（续表）

| 序号 | 名　称 | 批准部门（合作单位） | 批准年份 |
|---|---|---|---|
| 6 | 东莞市地方立法研究评估与咨询服务基地 | 东莞市人大常委会 | 2015 |
| 7 | 东莞市社会治理中心 | 东莞理工学院 | 2015 |

**表 8　学生参与立法基地学习与训练情况表**

| 学习训练内容 | 总参与人数 | 参与学生数 | 结　果 |
|---|---|---|---|
| 东莞城管综合执法条例的论证与起草 | 18 | 11 | 立法得到市人大通过、论证效果好 |
| 莞香立法调研 | 11 | 8 | 得到市人大法工委好评 |
| 东莞市饮用水水源水质条例的论证 | 8 | 6 | 论证工作完成 |
| 东莞水乡生态文明建设促进条例 | 20 | 13 | 论证工作完成 |
| 2017 年立法计划和 2017－2021 年立法规划论证 | 22 | 15 | 正在进行 |
| 参与省立法论证工作达 8 次 | 11 | — | — |
| 参与市人大立法咨询等工作 | 32 | 8 | — |
| 学生驻守市人大法工委实习 | 2 | 2 | — |

## （七）主编出版应用型教材情况

**表 9　法学专业主编出版应用型教材一览表**

| 序号 | 教材名称 | 主　编 | 出版社 | 出版时间 |
|---|---|---|---|---|
| 1 | 民商法实训教程 | 郑玉敏 | 合肥工业大学出版社 | 2017 年 5 月 |
| 2 | 民商法综合实训模拟 | 郑玉敏 | 合肥工业大学出版社 | 2017 年 5 月 |
| 3 | 新编民法理论与实务 | 郑玉敏 | 高等教育出版社 | 2015 年 2 月 |
| 4 | 合同法学 | 郑玉敏 | 厦门大学出版社 | 2014 年 1 月 |
| 5 | 民法学 | 郑玉敏 | 清华大学出版社 | 2012 年 2 月 |
| 6 | 民法理论与实务 | 郑玉敏 | 高等教育出版社 | 2009 年 2 月 |
| 7 | 新编经济法实用教程 | 郑玉敏 | 大连理工大学出版社 | 2004 年 9 月 |
| 8 | 法理三维 | 强昌文 | 安徽大学出版社 | 2012 年 3 月 |

## （八）法学教师发表教研论文情况

表 10　法学专业教师发表的教研论文一览表

| 序号 | 名　称 | 作　者 | 出版物名称 | 发表时间 | 备　注 |
| --- | --- | --- | --- | --- | --- |
| 1 | 民事诉讼法学教学改革反思与重构 | 沈亚萍 | 当代教育理论与实践 | 2014 年第 8 期 | |
| 2 | 在法律执业全球化背景下的中国法学高等教育 | 孙志超 | 黑龙江高教研究 | 2013 年第 5 期 | CSSCI 扩展版 |
| 3 | 试析法学学生创业的培养目标——基于对法律行业理解的视角 | 孙志超 | 通化师范学院学报 | 2008 年第 5 期 | |
| 4 | 香港法学职业教育对内地的启示 | 孙志超 | 黑龙江高教研究 | 2013 年第 7 期 | CSSCI 扩展版 |
| 5 | 中国香港创业教育的经验及启示 | 孙志超 | 东莞理工学院学报 | 2010 年第 6 期 | |
| 6 | 全日制法律硕士教育改革基本思路 | 强昌文 | 江淮论坛 | 2010 年第 2 期 | 中文核心 CSSCI |
| 7 | 联考法律硕士教育存在的问题与对策探析 | 强昌文 | 安徽大学法律评论 | 2008 年第 1 期 | |
| 8 | 再论法史学的功能——从法学教学改革谈起 | 强昌文 | 中国社会科学院研究生院学报 | 2005 年第 5 期 | |
| 9 | 呼唤中国的法律职业共同体 | 强昌文 | 法制与社会发展 | 2002 年第 5 期 | 中文核心 CSSCI |
| 10 | 应用型法律人才培养与法学专业实践教学体系的构建——以东莞理工学院为例 | 郑玉敏 | 东莞理工学院学报 | 2006 年第 2 期 | |
| 11 | 法学专业教学方法改革探讨 | 郑玉敏 | 东莞理工学院学报 | 2010 年第 2 期 | |

法学专业改革成果在实践中主要表现为人才培养模式改革的不断推进，因此形成了一套以人才培养模式改革为核心的配套建设成果。包括：人才培养方案改革成果、课程改革和实践环节改革成果、师资队伍建设成

果、实习基地建设成果、人才培养机制建立成果。成果之间相辅相成，共同服务于人才培养模式改革，同时也是人才培养模式改革的总结和提炼。人才培养模式的探索是个过程，因此本成果包括最终的总结报告——地方院校应用型法律人才培养模式的创新与实践，也包括执行中的方案设计与总结。本成果内容覆盖了人才培养的各个要素，包括教学计划制订、课程设置、师资建设、实习基地建设等。

## 五、法学专业人才培养模式改革的创新

### （一）人才培养机制的创新：高校与地方协同培养以及法学专业与其他专业协同培养

一是高校与地方合作培养地方法律人才，实现法学教育、法学研究与地方法治建设的深度融合。

（1）根据地方需要定位人才培养目标，地方和行业负责人进入专业指导委员会。

（2）行业和高校签订合作培养人才协议。

（3）行业和地方与高校签订全面共建协议，合作内容包括人才培养、课题研究、地方服务、学生实习等。

（4）行业与高校合作开发课程，行业参与人才培养全过程。

（5）教师参与地方法治和社会建设。学生参与教师的科研和学术研究。

（6）根据地方需求改革课程，配合地方需要安排实习时间。形成常态化的学生实习安排和对接机制。

二是法学专业与其他专业合作培养复合型法律人才，在理工科大学中探索新兴交叉学科和应用型文科的人才培养模式创新。

（1）法学专业与经管专业协同培养，举办培养复合型法律人才的卓越法律人才培养实验班。

（2）法学专业与理工科专业协同培养，举办培养知识产权人才的辅修专业和双学位班。

## （二）课程设置与课程开发的创新：根据地方需要设置课程和校地合作开发课程

（1）根据东莞地方对法律人才的需求，在法学普通班增加民商经济法课程的比重，卓越法律人才培养实验班增加经管类课程；在法学（知识产权方向）辅修学位班开设一半的知识产权实务课程。

（2）开设法学专业综合实训，民法案例实践教学项目型课程。

（3）校所合作开发课程，包括模拟法庭、经典案例判解、地方立法实务、调解实务等。

**表11　课程设置与课程开发创新表**

| 序号 | 项目型课程 | 校地合作开发课程 | 课程合作单位（主要课程承担） | 开课年份 |
|---|---|---|---|---|
| 1 | 法学综合实训 | — | — | 2014 |
| 2 | 民法实践教学 | — | — | 2014 |
| 3 | 模拟法庭 | 模拟法庭 | 东莞市中级人民法院、东莞市第一、第二人民法院 | 2008 |
| 4 | 经典案例判解 | 经典案例判解 | 众达律师事务所 | 2015 |
| 5 | 司考技巧训练 | — | — | 2017 |
| 6 | 地方立法实务 | 地方立法实务 | 东莞市法工委 | 2017 |
| 7 | — | 调解实务 | 东莞市第二人民法院 | 2017 |
| 8 | — | 律师实务 | 名道律师事务所 | 2017 |
| 9 | — | 审判和执行实务 | 东莞市第三人民法院 | 2017 |
| 10 | 民商事法实践教学 | — | — | 2019 |

## （三）实践教学体系构建与第二课堂创新：以能力为导向的实践教学体系

（1）创新法学学生职业能力表述：简称找法和用法能力；

（2）把学生司法考试训练与培养学生职业能力培养统一；

（3）实践教学体系包括课内实训、综合实训、岗位认知、毕业实习、第二课堂等密切联系的各环节；

（4）建立规划科学的第二课堂体系，助力学生的职业能力培养；
（5）充分发挥教学科研平台对学生能力培养的作用；
（6）切实落实集中实习和集中实训环节；
（7）形成常态化的学生实习安排和对接机制。

### （四）以人才培养模式探索的理论研究指导实践

本成果的理论创新主要表现在：（1）对法学教育的研究，发表教研论文3篇，CSSCI扩展版期刊1篇，中文核心期刊1篇；（2）对东莞理工学院法学专业人才培养模式的探索，发表论文1篇；（3）对教学方法的研究，发表论文1篇；（4）对法律职业的研究，在国内权威期刊发表论文1篇；（5）对课程改革的研究成果：发表论文2篇；（5）对复合型法律人才的研究成果，发表论文2篇，中文核心期刊1篇，CSSCI期刊1篇；（7）对法学学生创业的研究成果，发表论文1篇，中文核心CSSCI扩展版。

### （五）教材编写体制和内容的创新

教材编写注重学生技能培养，知识阐述和实训内容按照教学规律由易到难，由简至繁，便于学生由看到做，由模仿到独立操作，由单一的能力训练到职业能力的培养，教材编写努力适应应用型人才培养的内在需要。

## 六、法学专业人才培养模式改革的推广价值

法学专业从建立之初就开始进行人才培养模式的改革，2014年，法学专业的人才培养模式改革进入一个新的阶段，这一年法学专业举办了卓越法律人才实验班培养复合型法律人才，举办法学（知识产权）辅修专业，培养文理交叉的从事知识产权实务的人才；同时开设法学专业综合实训、民法案例实践教学等项目型课程，模拟法庭课程进行改革，实行真实法庭进课堂。学校与司法实务部门展开深度合作，2015年4月，郑玉敏教授主持的“地方卓越法律人才培养机制创新的理论与实践”获批2014年度广东省教育教学成果奖培育项目。10年间法学专业以应用性、复合性、地方性为导向，在课程设置、师资建设、实习基地建设、教材建设、人才培养机制建立等方面做出了大胆而有益的探索与实践，为国内同类高校的法学

专业建设和人才培养提供了有价值的经验，具有重要的现实意义和较大的推广价值。

## （一）学生培养成果

1. 首届卓越法律人才班——2014级法学卓越班学生论文集出版

这些论文形成于2016年7月，这些入学才满两年的学生就可以独立完成专业的法学论文，虽然文字和观点还有些青涩、幼稚，却初具法律思维和充满法律信仰。

表12　法学卓越班学生出版学术论文集表

| 书　名 | 作　者 | 指导教师 | 出版社 | 出版时间 |
|---|---|---|---|---|
| 追求法治 | 2014级法学卓越班全体学生 | 郑玉敏 | 合肥工业大学出版社 | 2017年5月 |

表13　2014级法学卓越班学生出版学术论文集论文一览表

| 序号 | 学生姓名 | 论文题名 | 备　注 |
|---|---|---|---|
| 1 | 袁善仪 | 论皮埃尔的两性平等观 | |
| 2 | 邓晓彦 | 探讨映射在法律进程的人类劣根性 | |
| 3 | 杨嘉兴 | 简析边沁的功利主义 | |
| 4 | 邓兴银 | 浅析《政府论》 | |
| 5 | 张帅帅 | 论柏拉图的法律思想 | |
| 6 | 何嘉怡 | 法律的经济分析 | |
| 7 | 李婉珊 | 司法审判下的利益平衡 | |
| 8 | 李宛鸿 | 历史与法律 | |
| 9 | 刘佳荣 | 正义非正义 | |
| 10 | 李倩芳 | 论柏拉图的正义与政体 | |
| 11 | 谢伟斌 | 论洛克的法律思想 | |
| 12 | 温秋茹 | 论密尔的自由观 | |
| 13 | 卢　悠 | 从《十二公民》出发浅谈无罪推定 | |
| 14 | 吴子宛 | 在法律控制下真正的自由 | |
| 15 | 杨　静 | 论社会学法学派 | |

（续表）

| 序号 | 学生姓名 | 论文题名 | 备　注 |
|---|---|---|---|
| 16 | 林　炜 | 浅谈平等与不平等 | |
| 17 | 谢致远 | 浅议陪审制度在本土的适用问题 | |
| 18 | 叶春蜜 | 浅析社会法学派 | |
| 19 | 王嘉俊 | 试论行政权力运行法治化 | |
| 20 | 汪坤誉 | 浅谈罗尔斯的正义思想 | |
| 21 | 王晓怡 | 真实的凌迟——杀千刀：中西视野下的凌迟处死 | |
| 22 | 罗槿萱 | 我们要争取的不是女权，而是性别的自由 | |
| 23 | 吴诗曼 | 论功利主义从边沁到约翰密尔的发展 | |
| 24 | 冯青诗 | 对性贿赂的浅见 | |
| 25 | 郑凯浩 | 读《政府论》有感 | |
| 26 | 杨亦斌 | 柏拉图法治观 | |
| 27 | 刘跃武 | 《法的门前》随想 | |
| 28 | 张权丰 | 浅谈《欧洲刑事诉讼传统与欧洲人权法院》 | |
| 29 | 陈展鹏 | 《通过法律的社会控制》读后感 | |

2. 2014 级法学卓越班学生第二课堂总结

**表 14　2014 级法学卓越班开展第二课堂情况一览表**

| 序号 | 活动名称 | 次数 | 具体内容 | 活动要求 |
|---|---|---|---|---|
| 1 | 法学经典读书会 | 12 | — | 每学期一次 |
| 2 | 法律专业知识竞赛 | 3 | 上个学期学习内容的综合测试 | 第二学期始每学期一次 |
| 3 | 法学辩论会 | 3 | — | 每学期一次 |
| 4 | 新法学习会 | 3 | 立法法学习、物权法司法解释学习；民法总论学习会 | 实际需要 |
| 5 | 《法智》班刊编写 | 3 | 学生编写印刷 | 每学期一刊 |
| 6 | 法学名家讲座 | 12 | 实务界人士、法学名家讲座和座谈 | 每学期 3 次 |
| 7 | 岗位见习 | 3 | 一院实习；二院参观；松山湖法庭旁听 | 每学期一次 |

3. 法学专业近三年就业率、专业对口率、考研率、司法考试通过率

由于东莞经济和社会发展对法律人才需求旺盛，法学专业学生全部都可以就业，专业对口率达到70%左右。

表15 法学毕业生就业率调查统计表

| 序 号 | 就业年度 | 就业率（%） | 专业对口率（%） |
|---|---|---|---|
| 1 | 2012 | 99.22 | — |
| 2 | 2013 | 100 | — |
| 3 | 2014 | 99.32 | 70.91 |
| 4 | 2015 | 99.13 | 70.80 |
| 5 | 2016 | 99.32 | 71.92 |

从司法考试通过率方面看，法学专业学生在每年的司法考试通过率上都维持在一个较高的水平，是全国平均通过率的3倍。

表16 法学专业学生司法考试通过情况统计表（2012—2016）

| 年 份 | 毕业人数 | 通过司法考试人数 | 通过率（%） |
|---|---|---|---|
| 2012 | 103 | 28 | 27.18 |
| 2013 | 100 | 33 | 33.00 |
| 2014 | 167 | 40 | 23.95 |
| 2015 | 151 | 22 | 14.67 |
| 2016 | 158 | 47 | 29.75 |

从学生每年的考研情况看，法学专业最近几年有不少学生考上国内名校研究生，或被国外名校录取出国留学。

表17 法学专业学生考研情况统计

| 序 号 | 年 份 | 报考人数 | 录取率（%） |
|---|---|---|---|
| 1 | 2011 | 32 | 37.5 |
| 2 | 2012 | 26 | 30.76 |
| 3 | 2013 | 33 | 36.36 |
| 4 | 2014 | 40 | 30 |
| 5 | 2015 | 45 | 33.33 |
| 6 | 2016 | 52 | 30.76 |

4. 学生参加高层次竞赛获奖情况

最近几年，法学专业学生在参加高层次竞赛方面，获得了较好的成绩，特别是在各种主题和各种层次的辩论赛中，法学专业学生发挥了专业的特长，充分展现了专业风貌。

**表 18　法学专业学生获省级以上奖励**

| 年份 | 班　级 | 姓　名 | 项　目 | 颁奖单位 |
| --- | --- | --- | --- | --- |
| 2013 | 12 法学 2 班 | 钟冬妮 | 2013 年广东大中专学生志愿者暑期文化科技卫生“三下乡”社会实践活动优秀团队 | 中共广东省委宣传部等 |
| 2015 | 12 法学 2 班 | 徐　琰 | 第二届“绿色青春”广东高校环保辩论赛冠军及四强最佳辩手 | 广东省环境保护厅 |
| 2015 | 13 法学 2 班 | 池　翔 | 第二届“绿色青春”广东高校环保辩论赛冠军及决赛最佳辩手 | 广东省环境保护厅 |
| 2015 | 13 法学 3 班 | 郭家铄 | 第二届“绿色青春”广东高校环保辩论赛冠军及决赛最佳辩手 | 广东省环境保护厅 |
| 2015 | 15 法律卓越班 | 李晓晴<br>刘　林 | 广东省“南粤长城杯”军事技能比赛暨军事会演三等奖 | 中共广东省委宣传部等 |
| 2016 | 14 法学卓越班 | 罗槿萱<br>冯青诗 | 2016 年大学生勇闯天涯 · 挑战未登峰（广东赛区选拔赛）一等奖 | 深圳市定向运动协会 |

**表 19　法学专业部分毕业生在东莞担任公务职位情况**

| 姓　名 | 现任职位 |
| --- | --- |
| 王　瑜 | 东莞市第一人民法院庭长 |
| 黄汉球 | 东莞市第一人民法院中堂人民法庭庭长 |
| 叶柱娟 | 东莞市第一人民法院庭长 |
| 刘树堂 | 东莞市第一人民法院庭长 |
| 梁伟坤 | 东莞市第一人民法院庭长 |
| 莫沛林 | 东莞市第一人民法院庭长 |
| 林立兴 | 东莞市第一人民法院庭长 |
| 谢海胜 | 东莞市第一人民法院厚街法庭副庭长 |
| 邓敬伟 | 东莞市第一人民检察院政工科科长 |

（续表）

| 姓　名 | 现任职位 |
| --- | --- |
| 吴转南 | 东莞市第一人民检察院公诉科科长 |
| 陈桂兰 | 东莞市第一人民检察院公诉科副科长 |
| 钟炳坤 | 东莞市第一人民检察院公诉科副科长 |
| 叶志文 | 东莞市第一人民法院横沥法庭副庭长 |
| 翟肖嫦 | 东莞市茶山镇国税办主任 |
| 方厚祥 | 东莞市劳动仲裁院院长 |
| 谢细明 | 东莞市交通分局局长 |
| 王银梅 | 东莞市第一人民检察院科长 |
| 陈晓杰 | 东莞市工商分局局长 |
| 陈玉云 | 东莞市第一人民检察院政工科副科长 |
| 陈铸平 | 东莞市大朗镇劳动分局副局长 |

### （二）法学专业人才培养模式创新的推广价值

1. 在校内的推广

（1）卓越班的实验成果推广到普通班。从 2016 级开始，原来只在卓越班开设的经典案例判解课程推广到普通班；卓越班的分阶段实习安排推广到普通班，2016 级统一进行暑假专业实践（第二和第三学年中间）

（2）卓越班的实验成果推广到面向全校招生的法学（知识产权方向）辅修学位班。

2. 对地方本科院校和理工科大学法学专业的借鉴意义

（1）对地方本科院校法学专业改革的推广意义。本成果内容覆盖了人才培养的各个要素，包括教学计划制订、课程设置、师资建设、实习基地建设等在实践中主要表现为人才培养模式改革的不断推进，因此形成了一套以人才培养模式改革为核心的配套建设成果，包括人才培养方案改革成果、课程改革和实践环节改革成果、师资队伍建设成果、实习基地建设成果、人才培养机制建立成果。成果之间相辅相成，共同服务于人才培养模式改革，同时也是人才培养模式改革的总结和提炼。这些成果对培养应用型法律人才的地方高校有参考价值。

（2）对理工科大学法学专业改革的借鉴意义。东莞理工学院以建设高水平理工科大学为目标，以智能制造技术与工程为主攻方向，依托于学校的理工科背景及自然科学技术优势的法学专业致力于培养文理交叉、商法交叉的复合型法律人才、知识产权人才，努力把法学专业建设成为广东省理工科大学中新兴交叉学科和应用型文科的示范基地。

（3）对经济发达地区法学教育的启发意义。法学专业在人才培养模式创新过程中，紧紧依托行业和地方政府，形成“高校—地方”合作培养人才机制，实现法学教育、法学研究与地方法治建设的深度融合。高校和行业共同进行课题研究，共同开发课程，形成双方互惠、长期共赢的协同机制。这样的机制的存在，一方面使得高校培养的人才更适合地方的需要，一方面又使高校的智力和人才资源服务于地方的建设和发展。

# 适应高水平应用型理工大学发展的法律人才培养平台建设

郑玉敏

东莞理工学院以建设高水平应用型理工大学为目标，以智能制造技术与工程为主攻方向，因此，未来依托于学校的理工科背景及自然科学技术优势的法学专业，就必然承担着为地方制造业发展提供法律人才保障的任务。在制造业发达、经济发展水平较高的珠三角地区，对于文理交叉、商法交叉的复合型法律人才、知识产权人才需求旺盛，随着该地区产业转型升级后对高层次人才的需求增强，具有理工科背景的专业法律硕士也必然走俏。随着东莞理工学院办学定位与发展目标的明晰，法学专业的人才培养体系特点凸显，即依托学校理工科背景与学科优势，加强多学科交叉与渗透，形成复合型特色的法学本科、法学第二学位、知识产权辅修、具有理工科背景的专业法律硕士培养体系，实现“商—法”“电—法”“工—法”等跨专业联合办学目标，使得学校成为广东省发展新兴交叉学科和应用型文科的示范基地。基于以上目标与任务，建设适应高水平应用型理工科大学发展的法律人才培养平台势在必行。

## 一、建设适应高水平应用型理工科大学发展需求的法律人才培养平台的重要性

建设适应高水平应用型理工科大学发展要求的法律人才培养平台，是适应东莞理工学院建设高水平应用型理工大学后法学专业创新人才培养模式的需要，是法学专业实现为珠三角地区制造业发展和经济社会发展培养高素质、应用型法律人才的目标的保障。法律人才培养平台的建设目的在于实现法学人才培养的产学研一体化。法学的产学研结合人才培养模式是

一种通过司法实践、法学教学、法学科研紧密结合，实现人才培养目标的教育模式，其实质是以就业为导向，针对用人单位的需要制订培养计划；以培养学生的综合职业能力和素质为核心，利用学校、司法实务机关、政府和企业等资源，实现法学教学与司法实践，法律服务与法学科研的紧密结合。通过实务部门对法学教学的参与，法学教师对实务工作的指导，学生在仿真及真实的环境中进行训练，实现产学研的紧密结合，从而培养企业和地方需要的复合型、应用型人才。

## 二、培养多学科背景文理交叉的法律人才符合世界范围内法律人才培养的一般规律

美国的法学教育是一种高起点、高层次的职业教育，学生都是获得学士学位包括理学学士等优秀大学毕业生，是相当于研究生层次的职业教育。我国目前的法律硕士与其有相似之处。德国的法学教育主要集中在本科层次，但与司法研修、司法考试等环节紧密相扣，主要为学生参加司法研修和司法考试提供扎实的法学基础知识和基础理论方面的学习和训练。换句话说，法学教育包含基础知识学习和司法实务训练两个阶段——融合了本科层次的基础教育和相当于研究生层次的职业教育两种形式。同样，双学位教育是澳大利亚法学教育的主体，法律实践课占30%。此外，各国非常重视知识产权专门人才的培养，美国一般放在大学本科后进行，从非法学专业的本科以上学历的人群中招生。从其培养机制看，大学对知识产权人才的培养目标非常明确，即高层次、复合型知识产权专业人才。日本将知识产权人才培养作为知识产权战略实施的关键。我国台湾地区的台北科技大学设立知识产权（智慧财产权）研究所专门招收理工科背景的本科生进行研究生培养。可见，应用型和复合型法律人才是各国法律人才培养的共同选择。知识经济时代知识产权人才培养受到各国和地区的重视。

## 三、法律人才培养平台建设的形式与内容

法律人才培养平台建设的主要形式就是建立“高校与实务部门和高校

与高校联合培养人才”机制。包括与东莞市第一、第二人民法院、广东众达律师事务所、广州市仲裁委员会东莞分会联合培养卓越法律人才；与东莞市科技局、东莞市知识产权局联合培养知识产权法律人才、科技法律人才；与华南理工大学、暨南大学联合培养法律硕士（知识产权方向或民商法方向）；与东莞理工学院其他专业合作培养“商—法”“电—法”“工—法”复合型人才。具体内容包括：建立了学院与实务部门人员互聘制度，积极邀请实务部门有较高理论水平和丰富实践经验的专家到学校任教；鼓励支持学院教师到实务部门挂职；完善“学校—实务部门联合培养”模式，强化与实务部门的合作，重点培养应用型、复合型法律职业人才；探索“学校—地方政府共同培养”模式，加强与地方政府部门合作；探索“学校—学校联合培养”模式，实现资源共享、优势互补，努力建设一支专兼结合的法学师资队伍。

## 四、平台建设拟解决的关键问题

法律人才培养平台建设，主要解决法学人才培养与东莞及珠三角地区制造业发展和经济与社会发展需要的法律人才的适应度与契合度的问题，以及在东莞理工学院高水平应用型理工科大学建设过程中法学专业的地位与发展问题。首先，东莞地区企业众多，按照国际惯例，一般企业应按技术人员的4%比例设立知识产权人才，这就使得东莞企业的知识产权人才严重供不应求。近几年我国企业知识产权遭遇的国际纠纷越来越多，如华为公司软件专利侵权、海信商标侵权等，但国内能够应对这些诉讼的知识产权高级人才却是屈指可数。事实证明，我国知识产权人才严重不足，知识产权人才结构也不尽合理，这对我国实施知识产权战略提出了严峻的挑战。近年来高新技术企业的胃口也越来越大，但招募过程中却很难寻觅到所需的高层次知识产权人才，这已影响到企业长远发展和未来核心竞争力的塑造。其次，东莞地区扩镇强市趋势明显，法律实务人才需求增强，由于东莞地区独特的语言、文化环境，本地区生源的学生在就业中具有明显的优势。因此，在相当长的时间内，法律实务人才在东莞都会有明显的需求。再次，东莞经济的高速发展使得东莞的经济纠纷案件不断增多，东莞高层次、高素质、复合型法律人才短缺尤为严重，单一型的法律人才已很难适应市场需要，金融、房地产、知识产权、高科技开发等法律业务和涉外法律业务日益激增，急需大量的复合型法律人才。面对着东莞和珠三角地区对法律人才的需求以及需求的特殊性，单凭法学专业现有的力量、传统的办学模式已经很难满足，建立产学研一体化的“高校与实务部门和高校与高校联合培养人才”的机制和平台必要性凸显。

## 五、平台建设的基础与目标、投入与产出

法学专业近年来一直以应用型、复合型法律人才培养为目标进行改革，在应用型人才培养模式方面取得了实质性进展，代表性教学改革成果包括举办卓越法律人才班和开设知识产权辅修专业。卓越法律人才班是按照复合型、应用型人才培养模式改革的基本要求和内在规律，以“掌握扎实法律基础知识、具有熟练法律应用技能”为导向，与实务部门深度合作，共同确立培养目标，共同设计课程体系，共同开发优质教材，共同组织教学团队，共同建设实践基地，创新法律人才培养机制。知识产权辅修专业面向全校二年级以上学生开设，主要目的在于拓宽非法学专业学生的法律知识面，培养具有社会主义法治理念和基本法律思维、基本掌握知识产权运用、管理和保护的相关法律知识的复合型和应用型知识产权人才，满足社会对具有复合型学科知识背景的知识产权服务人才的需求。法学专业与司法实务部门签订联合培养卓越法律人才协议，形成了稳定的合作模式；与华南理工大学、暨南大学建立了密切的合作关系，华南理工大学法学院原院长葛洪义担任了法学专业学术委员会主任；与东莞市科技局密切相关合作，依托知识产权促进中心承担了为东莞地区培训知识产权人才的任务。广东省级知识产权培训基地和中国知识产权远程教育平台（广东省知识产权远程教育分平台）两个教学示范中心，均通过了省级验收。以上工作为法律人才培养平台的建设奠定了良好的基础。

平台建设下一步的目标主要包括：第一，与合作方共同制订培养方案；第二，与合作方共同开发教材；第三，制订与实务部门的双聘计划；第四，建立校内实训基地；第五，完善校外实习基地建设；第六，建立专兼职教师队伍。具体实施目标：第一，继续探索卓越法律人才培养模式；第二，继续做好知识产权辅修；第三，开办法学第二学位；第四，积极申

办法律专业硕士教育。

预计到2020年，依托法学专业人才培养平台，法学专业每年培养“商—法”复合的卓越法律人才30名；地方应用型法律人才160名；具有其他学科背景的知识产权辅修（专业）人才100名；培养法学第二学位的“电—法”“工—法”等具有理工科背景的复合型人才100名；培养具有理工科背景的专业法律硕士（知识产权方向或民商法方向）30人。每年面向社会为省和市相关知识产权部门举办5~8期知识产权专项培训，为东莞市培训律师等其他法律人才300名。依托法学专业人才培养平台成立研究中心5个，每年承担横向课题10项，经费达到100万元以上，为东莞市各部门完成调研或咨政报告10篇以上。每年聘请10名以上专家为教师和学生开办讲座，聘请10名以上实务人才为学生灵活兼课。每年参加高水平学术会议5次，承办高水平会议1次，发表高水平学术论文10篇。带领学生参加省级以上竞赛并获奖，50%学生通过司法考试。学校通过以上工作成绩并依托平台建设，把法学专业建设成为广东省理工科大学中新兴交叉学科和应用型文科的示范基地。

随着东莞理工学院转变为理工大学，为适应学校的发展方向与定位指向，法学专业必须借鉴国际著名法学院的办学经验，确立了以长效发展、全球视野为支点，以规范化办学为基准，以发展高水平法学职业教育为取向的办学思路，依托学校的理工科及自然科学技术优势，旨在培养法学基础扎实、特色鲜明、应用能力强、兼具理工科背景、具备理解和运用法律法规能力的复合型法律人才，为我国法治事业服务。法律人才平台建设合作过程中应依托学校强势专业和理工科教学资源，强化学生法律职业伦理教育、强化学生法律实务技能培养；同时，借助于社会资源，增强学生运用法学与其他学科知识解决法律问题的能力，促进法学教育与法律职业的深度衔接，切实为珠三角地区制造业的发展提供法律服务与法治人才保障。

# 行政管理专业“项目化运作型”实践教学整合与创新

杨少昱

主动适应国家治理体系和治理能力现代化建设的需要，加快人才培养模式的应用型转变，是当前我国公共管理类专业教学改革的主要目标和任务。在此目标框架下，我国各层次高校行政管理专业努力结合自身的实际和优势，推动人才培养目标与模式的重塑。本文以东莞理工学院为例，从应用能力培养的视角，对地方理工科院校的实践教学体系的整合与创新进行路径探索。

## 一、行政管理专业实践教学的现状

与许多地方性本科院校相似，我校行政管理专业实践教学环节主要由课内实践教学和校外实践教学组成（实践教学配置关系见表1）。其中，课内实践由各门课程分散承担，暂时代替集中的实践训练。校外实践主要依托若干个实习基地，集中开展专业认知实习、暑期调研实践、毕业实习等活动，是当前实践教学的主要着力点。

**表1　课内实践与校外实践情况一览表**

| 年　级 | 实践教学总学时 | 实践教学占总教学比重（%） | 课内实践占实践教学比重（%） | 校外实践占实践教学比重（%） |
|---|---|---|---|---|
| 2013级 | 512 | 18.71 | 1.2 | 98.8 |
| 2014级 | 496 | 18.67 | 1 | 99 |
| 2015级 | 672 | 24.35 | 0.95 | 99.5 |

从2015年开始，行政管理专业摸索建立了一套以“校地全面合作框

架协议”为平台，以签约子项目为驱动，集分类实施、教师指导、过程监控、反馈评价于一体的校外实习教学机制。目前，行政管理专业具有4个稳定的项目驱动型实践教学基地（镇级政府或部门），非稳定项目驱动型实践教学基地和教师科研项目实践教学基地10余个，共安排了综合行政协助、实地调研、活动策划等8类实习岗位，可满足本专业57%以上的学生进行专业对口实习（见表2）。实习覆盖了公共部门行政、国企行政、社会组织管理与运营、事业单位行政管理等范围，主要培养学生决策与策划、调查与分析、组织与协调、沟通交流等方面的基本能力。迄今，该模式在实践中已取得较为良好的教学效果。

**表2　项目驱动型实习基地建设情况一览表**

<table>
<tr><th colspan="2">类　型</th><th>数量（个）</th><th>对口实习率（%）</th><th>满足实习率（%）</th><th>合计（%）</th></tr>
<tr><td colspan="2">稳定项目型实践教学基地</td><td>4</td><td>100</td><td>57</td><td rowspan="4">100</td></tr>
<tr><td rowspan="2">非稳定项目型实践教学基地</td><td>非稳定项目型实践教学基地（与实习计划时间一致）</td><td>4</td><td>100</td><td rowspan="3">43</td></tr>
<tr><td>非稳定型教师科研项目的实践教学基地</td><td>9</td><td>100</td></tr>
<tr><td colspan="2">学生自主、分散实习的单位</td><td>未统计</td><td>未统计</td></tr>
</table>

## 二、当前行政管理专业实践教学存在的问题

（1）社会职业需求与行政管理学科发展规律，何者应主导本科人才实践教学环节的问题尚无明确答案。本科教育与职业教育不同，包含了引领行业发展和跟随行业用人需求标准两方面具有张力关系的价值目标。在现实的实践教学中，我们发现行业主导人才培养、反哺课程体系改革的界限尚不清晰。在实践教学环节，或许有必要加强对德国、澳大利亚等国家职业人才培养理念、模式的研究和借鉴，但尚须对两者进一步明确观念，理清关系。

（2）有效调动教师、学生、实习单位积极性的实践教学模式尚不成

熟。名副其实的实践教学必须能有效整合学校与实习单位的资源，调动教师、学生、实习单位三方的积极性。目前，教师与学生参与实践教学的意愿较强烈，但地方公共部门的合作治理意识依然主要依靠自上而下的行政推动和个别领导推动。校地合作的进一步拓展需要学校方面组建产教研团队和架构，主动向外接触、引导和宣讲。

（3）容错性校内仿真实践教学有较大提升空间。校外实践受到外部性因素影响较大，需要在实习时间、实习周期、项目岗位方面进一步协同，而有些项目的开展往往只让学生从事非核心工作岗位，使该类实习难以达到预期效果。因此，这些无法控制的部分只能依靠校内仿真实践教学环节来弥补。但目前我校专业的校内实践设施匮乏，亟须整合各门课程的实践教学，与实习单位共建可容错的“电子政务实验室”之类仿真教学环节。

（4）可供观察、有效的实践教学质量标准体系尚不完善。无论是国家评价标准还是行业评价标准，行政管理专业的教学都缺乏共识性的评价指标。在理清实践教学的宗旨目标的基础上，专业应当建立一套适应国家质量标准、地方发展需要和社会职业人才需要的教学质量指标体系，使应用型实践教学走向规范化。

总体来看，无论是将学生带到实习单位中去，还是将实习单位建到学校中来，我校行政管理专业都已经找到了一条符合广东省地方高校发展定位、初显成效的发展路径，十分值得加大研究投入力度，进一步完善协同育人机制和丰富合作教学内涵。

## 三、项目化运作的校地合作实践教学改革对人才培养的意义与影响预期

### （一）意义

1. 项目化运作的校地合作平台，可为应用型人才培养提供广阔的实践教学空间。实践教学环节是应用型人才培养模式的重要一环，但我国地方高校行政管理专业的实践教学环节普遍存在着仿真实践教学设施匮乏、实践学时过少、缺乏专业实习标准等问题。处于经济发达省市的地方院校，完全可以以丰富的校地合作项目为基础，借助于项目本身的质量标准和资

源投入充实实践教学环节，从而带动实践教学设施的完备、教学过程的规范化、实践学时增量和内容丰富化。

2. 项目化运作的校地合作具有突破教学管理封闭性的特点，是主动适应国家质量标准、地方发展需要和社会评价标准的交汇点。我国地方本科院校的行政管理专业长期受到研究型办学思路的影响，其产出人才的研究能力不如一流高校本科生或研究生，而实践动手能力不如高职高专人才，长时间背负着“与实际需要不完全适应”的评价。依据《公共管理类专业教学质量国家标准（审议稿）》的设计导向，项目式教学尤其是社会调研项目教学将成为专业评估的重要依据。在此背景下，经济发达省份的地方院校利用自身优势深入探索地方特色的实践教学改革，既是主动迎合国家质量标准的需要，也是利用校地合作项目所蕴含的社会需求和行业标准，调整提高专业教学模式、标准的重要契机，最终有效缓解人才培养与社会人才需求不适应问题。

3. 由点带面，从外部需求端带动人才培养模式的应用型转变。基于校地合作的实践教学改革契合 OBE 教学理念，可由点到面对整个人才培养方案进行配套调整，从而逆向优化课程设置和教学管理架构，整合师生资源，最终形成产教研合力的外向型教学模式。

## （二）特色

1. “以生为本”理念的落实依托于校地合作、校地共建，直接服务于地方政府相关管理服务活动，在实践批量化应用型人才培养的同时，为地方经济社会发展提供人才支持。

2. 应用型人才培养依托于项目化运作的校地合作，形成“校地协同、项目承载”的育人模式。

3. 根据实践教学的实际效果，采取分类主导原则：校外实践教学以行业为主导，校内实践教学以学科为中心，两者相互补充服务于应用型人才培养。

4. 以教研中心为实践教学的核心驱动机构，以点带面，逆向推动课程优化和应用型人才培养模式建设。

5. 校地合作，共同制订人才培养方案、课程体系、实践教学大纲、实践教学指导手册和标准。

### （三）影响预期

1. 专业人才培养模式的应用型转变加快。实践教学学时是应用型教学的主要标志之一，行政管理专业实施校地合作项目驱动型实践教学一年以来，实践教学增量大幅提高，实践学时由过去2013级、2014级的不足19%提高至24.35%。根据实习单位的反馈建议，专业还将在下一步的人才培养方案制订中加大实习周期，使校外实践教学占总教学的比重提高到30%以上。

2. 集中实习覆盖率、对口实习率的比例大幅提高。依据公共管理类专业的设置规范，行政管理专业主要面向政府部门、事业单位、公共中介组织，培养组织管理和调研策划类高等人才。以往教师个人项目驱动型的实践教学虽然能缓解对口实习问题，但规模过小、时间不同步。目前专业以校地合作方式开展的项目型实践教学，则极大地提高了对口实习的覆盖率。随着校地合作项目的铺开，过去绝大多数学生自主实习、无规范实习的情况将逐渐走向规范化。

3. 校内集中实践教学的合作共建提上日程。过往由于缺乏行业的标准、资金和技术支持，电子政务实验室的规划一直无法实施，专业只能将校内实践分散在各门课程之中。随着社会行业需求被校地合作项目挖掘出来，一个与政府职能部门（政策研究室、发展研究中心等）合作共建的，集教学、科研、培训、应用于一体的产学研实验室计划已经提上日程。预计实验室建成后，实践教学占总教学的比重将提高至40%以上，真正贴近应用型人才培养模式的特征。

4. 带动集产、教、研于一体的研究所（中心）的建立。为适应校地合作项目的需要，专业在导师制的基础上，相继筹建了公共部门绩效评价研究中心、社会组织评估与促进研究中心、社区治理研究中心。由研究所（中心）导师带领学生组成研究团队，深入与地方政府职能业务对接，实施项目式教学。目前，以导师制为基础的教研团队已经完成了几项地方政府部门的绩效评估、社区建设调研等项目，初步调动了教师群体、学生和实习单位的积极性。

5. 从社会需求端逆向倒逼课程体系改革和课程质量提高。实习单位的反馈意见、建议以及专业实践教学的自我总结，是专业课程体系应用型改革的主要动力。目前，专业已经根据现实需要调整了相关课程，整合相关课程集群，并设立了适应应用型人才培养需要的新型课程，如行政礼仪、农民工政策等选修课程。相关项目式教学的教师也由此推动了自身的课程更新、科研进步。

## 四、实践教学体系整合

### （一）理顺“行业主导与学科主导相结合”的分类实践教学环节

第一，选择符合项目化条件的实践教学环节，按教学目标、效果确定分类实施的原则、模式。基本方案为：校地合作，统筹制定符合学科发展要求和社会职业需求的实践能力教学环节。

第二，论证、选择应由行业主导的校外实践环节。

第三，论证、建立应由行政管理学科主导的校内实践教学环节。

### （二）重点创建符合项目化教学需要的教研驱动架构和教学管理机制

第一，在已有基础（常态化项目、课程）上进一步健全产教研一体化的教研中心。目前，专业已经和地方政府签订公共部门绩效评价、社会组织评估与促进、社区治理、民情调研等方面的服务合同，可以顺势建立健全对应的教研中心，扩大实践教学空间和学时。

**表3　建立项目驱动型产教研一体化的教研中心情况表**

| 序号 | 教研中心 | 依托课程 | 依托项目 |
|---|---|---|---|
| 1 | 公共部门绩效评价研究中心 | 公共部门绩效评估、政府绩效评价方法与技术课程实训 | 市镇两级绩效评价 |
| 2 | 社会组织评估与促进研究中心 | 非营利组织管理 | 市镇两级社会组织第三方评估 |
| 3 | 社会治理研究中心 | 社区管理理论与实务、非营利组织管理 | 市镇两级社区管理项目（村规民约、社会建设典型案例） |

（续表）

| 序号 | 教研中心 | 依托课程 | 依托项目 |
|---|---|---|---|
| 4 | 公共政策研究中心 | 公共政策学、政策工具运用与政策分析方法课程实训 | 市级政策调研项目（省市政策研究、科技产业政策、法制实施评估等） |

第二，建立有效的产教研管理机制、激励机制。

第三，配合教研中心的目标任务，重新设计、完善导师制。

## （三）结合国家质量标准、地方发展需要和社会职业需求，制定实践教学质量标准

第一，结合校地合作项目和相关课程能力要求，规范毕业实习、学年论文等实践教学环节的质量标准、考核方法和评价办法。改革实习考核方式，突出考查学生分析问题和解决问题的能力。

第二，结合专业已有的校地常态化合作项目（基层民情调研、依法行政征文大赛、公关大赛等）和非稳定的合作项目（含教师个人项目），制定符合专业能力培养目标的通用实践教学方案。

第三，衔接国家质量标准、地方发展需求和社会职业需求，进一步完善实践教学大纲、教学计划、实践教材（指导手册）。

## （四）配套改革措施

第一，人才培养方案的动态调整。以凸显应用为特色，校地共同参与人才培养方案的调整。双方主要就实践教学环节的时间、周期、方式、主导权进行协商。

第二，按目标驱动的专业课程体系设计方法，优化与实践教学相适应的课程体系。一方面是增强课程群落内部联系，增减相应的应用型课程（选修）；另一方面是对相应课程的教学重心进行调整。

第三，实施对应课程的项目化改革。根据已有的项目，明确公共部门绩效评估、社区管理与实务、非营利性组织管理、公共关系、公共政策等课程的项目化改革。

第四，在项目化课程的基础上，探索建立校地合作的、具有容错性的校内实践教学体系。各项目化课程将核心能力教学环节释出，初期采取课

内实践和综合实训课程方式，在条件具备时与地方政府部门或事业单位共建校内实践教学平台。

## 五、结　语

行政管理专业是一个具有多门学科基础知识、多种专业能力要求的综合性专业，对毕业生的专业工作方法和职业发展能力具有很高的要求，只有将实践教学整合成系统，与课程教学建立直接联系，才能共同支撑其应用型人才培养目标。本文从校本个案提出的项目化运作型实践体系建设方案，对地方高校的行政管理专业建设具有普遍的借鉴价值。

# 法学人才培养模式创新：基于导入公共管理学的途径

魏红征

过去法学专业化教育备受追捧，然而随着经济全球化的不断发展，对人才的要求不断提高，人们除了要熟练掌握自身的工作所需要的知识技能外，还需要对于与工作相关的其他知识领域有所涉及，这样才能更好地胜任本职工作和满足未来职业变化的需要。这也是高等教育改革的重要趋势和内容，由专业化教育转向通识教育，培养高素质的复合型人才。我国大量法学专业毕业生所从事的职业也要求熟悉公共管理原理和中国行政现状，因此法学人才培养不能仅仅局限于传授法学知识的现状，否则将难以满足当前社会对法学人才的需求。然而，完全改变当前中国法学人才培养模式既没有必要也不现实。基于我院法学专业与行政管理专业已经开办数年的现实基础，我们展开导入公共管理学基础课程与技能的法学人才培养方式创新，拟开启培养“复合型法学人才”的实践探索。

## 一、问题的界定

随着当代社会的迅速发展，尤其是互联网时代的开启，社会关系变得更加复杂化和多样化，仅仅掌握单一的法学知识难以处理纷繁复杂的实际案件和满足工作需要，法学生的知识和能力的培养必须与时俱进。当前法学人才培养面临的主要矛盾是法学专业毕业生需要宽阔的知识视野与本科法学教育过于狭窄之间的矛盾。“法学专业是一门综合性极强的学科，新世纪的法学人才应具备广博的知识储备，才能具有较强的应对能力和创新能力。因此，法学专业的学生还应广泛涉猎一些非法学专业的基础知识，掌握必要的自然科学知识、经济管理知识与人文类知识，以促使学生在未来的社会职业生活中能够游刃有余地处理和协调各种纷繁复杂的人与自然、人与社会的关系。”①

反观当今法学高等教育现状，法学人才培养还存在着一些明显的问题。首先，在课程体系设计上过于狭隘。许多院校依然延续传统的强调专业化教育的法学课程体系，主要围绕法学学科开设课程，对于部分通识性课程教育如社会研究方法、数理统计等，以及诸如管理、经济等相关学科知识与技能涉及不足。此外，实践类课程开设偏少，导致大多数学生只是学习了法学的基本理论知识，缺乏法律实务的基本训练，学生们的各项实践能力难以从课程体系中得到充分的提高，无法做到学以致用。目前，虽然部分学校也采用网络公选课弥补专业课程体系不足，但由于这些公选课缺乏系统性导入和专业教师指导，学生从公选课所获知识和能力过于分散化和碎片化，加之部分公选课课程资源和课程数量都是年复一年沿用，并没有进行更新和扩充，知识老化严重，使得学生在选修非法学专业课程上受到阻碍，难以学到法学之外的其他丰富知识。诸如社会调查、公文写作、演讲与口才等能够提高法学学生专业技巧和实践能力的课程很多学校并没有开设，甚至在公选课上也没有出现，从而严重影响到法学专业学生必需的实践能力和综合素质培养。

其次，学生社会调查与实证研究能力缺乏。许多高等学校对法学人才的培养主要是围绕法学学科理论知识展开，在寒暑假时会提供一些律师事务所的实习机会给部分学生，但这些实习只是做一些基础性的法律文书工作，虽然使学生能够利用到课堂上所学习到的法学知识，但由于缺乏对学生开展社会调查研究和实证研究能力培养，使学生在日后工作中面对所从事职业需要开展实证性和反思性研究的创新思维与能力不足。目前掌握社会调查的基本能力和技巧已经逐渐成为法学专业学生所必需的能力之一，法学专业必须培养学生能在不确定条件下根据调查目的，遵循客观事实和主观无涉原则，合理权衡调查信度与效度，专业知识与实证工具相结合，选择恰当的社会调查方案和形成科学调查结论的能力。更为重要的是，针对法学专业学生进行社会调查与实证研究训练，不仅能够使其具备开展调研项目能力，而且能够激发学生持续关注社会、发现社会问题、解决社会

---

① 孟庆余，范海玉．法学专业人才培养模式改革与创新研究——河北大学法学专业人才培养模式改革与实践［J］．保定学院学报，2011（5）：106-121.

问题的热情，更深层次上强化法学人才社会责任意识。

再次，单纯法学教育易导致思维存在局限性。单纯以掌握法律专业知识为目的的法学教育明显存在一定的局限性，故发达国家培养法学人才通常要有非法学的学历背景。以著名的彭宇案为例，彭宇案在作出一审判决后，饱受各方批评，“彭宇案的判决理由引起了人们如此激烈的批评，问题不在于案件的事实认定和法律判决，而在于其推理过程对于社会情理的公然扭曲和截然违背”①。这正是单纯法学教育导致思维局限性的表现，该案法官从单一法理出发去审理案件，过度推崇自由心证，而忽视了社会情理的合理性和判决结果对于社会造成的深远影响。不可否认，基于规范论的法教义学所塑造的当下法条主义思维模式在大陆法系国家具有重要地位。但毋庸讳言，其作为法学思维类型存在自身的局限性，目前亟须冲破传统法学教育的那种就法论法的局限性，超越学科之间的藩篱，充分借鉴经济学、管理学和社会学等学科理论与研究方法，开辟法学研究与法学人才培养的新路径。

概而言之，当今社会的快速发展，要求法学毕业生必须具有宽阔的知识视野，这样才能处理纷繁复杂的社会关系和法律案件，而现行的法学人才培养模式所培养出来的法学毕业生已明显不具备社会需要的知识视野和能力。目前许多高校法学人才培养模式问题实质上是将本科法学人才培养等同于法学学术教育，本科法学人才培养应是面向就业市场，仅局限于法学学术教育显然无法满足，现代社会需要具备多项能力和综合素质的复合型法学人才。

## 二、法学人才培养导入公共管理学的必要性

在法学人才培养模式已不能适应当今时代发展需要的情况下，导入公共管理学部分课程内容和技能训练对于法学人才培养显得更加必要和迫切，具体原因如下：

---

① 刘帅．法官司法理念探析——“彭宇案”引发的思考［J］．四川理工学院学报（社会科学版），2013（1）：82-86.

## （一）众多毕业生从事行政工作需要相关技能

随着当今时代的发展，从业选择对所学专业的依赖逐渐降低，一个人所能胜任的工作不仅仅是由其专业所决定的，如果一名哲学专业的学生能写出一篇概念清晰、行文流畅、论证扎实的论文，他所掌握的写作技巧足以让他胜任文秘工作；如果一名理工科学生发散性思维能力极强，能够在头脑中构造出很多有趣的“思想实验”，那么他的这种能力便能帮助他从事编剧、文学创作甚至游戏软件开发。因此决定一个人职业选择的除了个人兴趣爱好之外，就是个人的综合能力，而不再是专业本身。法学与政治学有着共同的渊源，学习法律的人从事行政工作有着一定的天然可能性，法律培养的社科能力同样也非常适用于现代行政工作，在这两种因素的共同决定下，法学专业毕业生选择从事与行政相关工作的概率便会大大提高。“法学专业学生毕业后在就业选择上，调查结果表明首选是报考公务员这个具有稳定性的职业”①。中国政法大学的“2009 年法学毕业生选择考取研究生、机关单位、基层单位、国有企业的比例分别是 32.75%、14.09%、7.2%、6.74%，2010 年毕业生选择考取研究生、机关单位、基层单位、国有企业的比例分别是 34.85%、9.99%、5.3%、9.73%”②。可见法学专业毕业生除了选择考研深造外，在就业选择上多趋向于机关和基层等行政类工作。法学专业毕业生选择行政类工作必然需要相关的知识技能，因此导入公共管理课程以便于将来更好从事行政工作，对法学人才培养而言非常必要。

## （二）众多法律工作要求熟悉中国行政原理和现状

行政法本身就是我国法律体系当中一个重要的法律部门，并且与其他普通部门法有着形式和内容上的明显不同。行政法范围广泛、内涵丰富，主要是由于现代国家的行政活动范围极为广泛，不仅包括传统的国防、外交、公安、民政、工商、税务和司法行政等领域，而且扩展到了社会福利、环境保护及国民经济建设等社会生活的新领域。因此，行政法的内容

① 朱林，邓荣华．关于法学专业学生就业的调查报告［J］．江苏警官学院学报，2006（3）：184-187.

② 康伶俐．中国法学本科毕业生就业问题研究［D］．北京：中国政法大学，2011.

具有其他部门法无可比拟的丰富性，现代国家行政活动的广泛性使得在进行立法工作的时候很容易牵扯到与行政相关的问题，而这时候掌握一定的公共管理知识则有利于提高立法效率、保证立法的准确性。尤其是在开展行政工作相关立法或公共政策制定时，更需要行政管理的相关知识，因此，法学专业毕业生仅仅拥有法学专业理论知识和素养，并不能在以后的法律工作中游刃有余地解决问题，而导入公共管理课程学习对法学专业毕业生将来的法律工作也有很大必要性。

### （三）从事法学研究需要更新研究方法

在过往的法学研究中，大多数法学家往往采用规范法学的研究方法。"规范法学"具有明显的局限性，由于坚持一些源自西方法学的理论前提，这种研究过于注重演绎推理，也就是在自认为掌握了"真理""原理""基础理论"的前提下，对中国法律问题进行或批判、或建构、或解释的分析[①]。规范法学研究者也把本来属于社会科学整体的法学研究与其他学科人为地形成一定的沟壑，使得其与政治学、管理学和经济学等学科研究相互隔离，甚至出现了"老死不相对话"的局面。从陈瑞华对规范法学研究方法的阐述中我们可以看出，规范法学的研究存在的问题主要是局限于法律思维之内研究法律，这一局限性使得法学研究走入误区，严重阻碍了我国法学研究的进程。在这种情况下，一些学者已经提出"从法律之外看法律"的研究思路，倡导引入社会科学的研究方法。目前最需要导入的便是公共管理学科的社会调查和量化实证研究的方法。调查研究可以迅速、高效地提供有关某一总体的丰富的资料和详细的信息，在了解和掌握不断变动的社会现象方面具有很大的优越性，能够较好地应用于我国目前立法变动完善快速的现状。实证研究要求研究者深入实地收集观察资料，是以事实为依据对法律法规进行研究和批判，与法律规范研究方法的以理论为前提和依据截然相反，其研究内容具有更高的可信度和价值。

### （四）从国际经验来看，许多国家政要出自律师

放眼发达国家，许多政要是律师出身，以资本主义强国美国为例，美国总统作为国家元首，从首任总统华盛顿到第 44 届总统奥巴马，历届 43

① 陈瑞华．法学研究方法的若干反思［J］．中外法学，2015（1）：22-28.

位总统中有26位是律师出身。除此之外，一些发展中国家如菲律宾民主运动领袖阿基诺夫人曾经也做过律师，巴勒斯坦伊斯兰抵抗运动主席哈尼亚也曾经是一名律师。还有一些著名政治人物，例如罗伯斯庇尔（法国大革命领袖）、阮友寿（曾任越南南方民族解放阵线中央委员会主席团主席）等也是律师出身。在国外，之所以许多政要出身律师，是因为律师普遍具有较高的政治素质和国家治理视野。但国外对律师的培养模式不同于我国，国外律师学习的知识范围更为广阔，在职业发展方面有着更为苛刻的要求，这使得他们能够胜任政要一职。未来我国依法治国和依法行政将成为国家治理的基石，必然会有更多的法律人才走上公共管理岗位，因此目前有必要在法学人才培养方面导入公共管理学，从而培养具有高素质的卓越法律人才。

### （五）现代法学人才在职业生涯变迁中的需要

从职业生涯发展来看，法学专业毕业生在选择职业的时候便倾向于公共管理类专业，因此他们即使毕业时从事纯粹法律工作，从目前众多律师的倾向性看，也非常积极地参政议政和参与公共事务管理等，故在其将来的职业变换时，选择公共管理类工作的可能性也会非常大。此外，部分法学专业毕业生会随着职务升迁，工作内容和形式将与公共管理活动联系更为密切，这类职业升迁的例子屡见不鲜。即使他们在为企业服务的时候，诸如为企业做法律顾问等，而非直接从事公共管理工作，也必然会遇到各种行政管理和经济管理类问题，这些工作不可避免要与政府打交道，因为对于市场秩序管理和实行宏观调控本身就是政府的重要职能之一。因此，从职业生涯发展路径来看，导入公共管理学知识技能对法学人才培养同样很有必要。

## 三、法学人才培养导入公共管理学的可行性

我国法学人才培养模式固然存在一定的问题，但整体上还是比较有效的。中国许多高校法学人才培养模式沿袭到今天，培养了大批法律精英人才，有其特有的优势所在，因此完全颠覆现有的法学人才培养模式是没有必要的。如果颠覆现有的法学人才培养模式，则必然要有一种新的人才培

养模式来替代，然而确定新的人才培养模式需要多方面的综合考虑和衡量，牵扯到与其相关的一系列的变更，诸如学制设置、入学条件和毕业标准等问题，故根本也不现实。所以在法学人才培养模式整体比较有效的情况下，对其存在的问题更适宜进行相应的修正式优化，即法学人才培养模式创新，导入公共管理学内容。在众多的社会科学门类中之所以选择导入公共管理学课程，主要是因为公共管理学与法学有着密切的联系。

### （一）两者之间存在天然的联系

从学科起源而言，公共管理属于政治学、法学和管理学等多学科所衍生出来的新兴学科，两者存在天然联系。美国著名学者罗森布洛姆（Rosenbloom）认为，公共管理是运用管理的、政治的和法律的理论和程序，执行立法、行政和司法部门的命令，向社会整体和局部提供规制和服务。从公共管理的不同功能视角来看，其包含三个相关的研究取向："有些人把它看作是一种管理行为，与私营部门的实践相似，即管理取向；有些人强调它的公共性和政治性，即政治取向；还有些人突出公共管理当中主权、机构和规制的重要性，把它看成是明显的法律事务，即法律取向。"① 从学者罗森布洛姆（Rosenbloom）对公共管理概念的界定和上述公共管理功能视角的三个取向我们可以看出，公共管理在提供社会公共服务的同时会运用到法律的理论和程序，公共管理的机构和规制在法律取向的视角下可以看作是明显的法律事务，这说明公共管理带有法律的色彩，和法学之间有着天然的联系。这种联系提升了公共管理类组织对于法学专业毕业生的需求，为他们从事公共管理工作提供了便利，也降低了入职的门槛，但从事公共管理工作也需要法学专业毕业生掌握公共管理学一些基本知识和技能，便于他们更好地理解和掌握公共管理相关的知识。

### （二）公共管理有助于完善法学人才培养

公共管理学科诸多理论与方法兼具价值理性与工具理性，对于完善法学人才培养非常有益。马克斯·韦伯将人的理性分为两种：价值理性和工具理性。价值理性是指通过有意识地对一个特定的举止——伦理的、美学

---

① 薛澜，彭宗超，张强．公共管理与中国发展——公共管理学科发展的回顾与前瞻［J］．管理世界，2002（2）：43-56+153.

的、宗教的或作任何其他阐释的——无条件的固有价值的纯粹信仰，不管是否取得成就。所谓工具理性则指：“通过对外界事物的情况和其他人的举止的期待，并利用这种期待作为‘条件’或者作为‘手段’，以期实现自己合乎理性所争取和考虑的作为成果的目的。”① 以中国的经济发展为例，在过去我们是一个贫穷落后的国家，小康社会成了所有人的期盼，于是我们选择以经济发展为中心，为了追求经济的增长，穷尽所有手段和方法，这便是工具理性的体现。尽管所采用的方法损害了其固有价值即在经济增长过程中对环境造成的污染，引发的雾霾等一系列问题影响了人们的小康生活质量，但毕竟经济增长的目标实现了。而价值理性就在于我们意识到公众生活的幸福才是唯一的目标，于是我们把其作为价值信仰的追求，开始对排污企业进行整治，虽然这种整治会影响经济的增长速度。于法学人才培养而言，传统法学教育更加强调价值理性和制度理性，一定程度上导致法学专业毕业生知识体系和技能不够完备或有所薄弱，如果仅仅拥有扎实的法学专业理论，就会在视野上有所欠缺或工具理性不足。公共管理诸多理论与方法则兼具价值理性和工具理性，有助于法学教育培养出具有更高素质、更宽阔视野和更擅长解决实际问题的法学人才，有助于法学人才培养模式的完善。

### （三）实际实施可行性较强

从实践可行性而言，国内许多院校法学专业与行政管理专业均存在于人文科学学院或政法学院，或脱胎于类似母体，师资和课程整合方面操作上具有较强的便利性。以笔者所在学院为例，政法学院②作为东莞理工学院下辖的二级学院，开设法学专业和行政管理专业已经数年，两个专业在同在一个学院，且都面向对方开设辅修课程。在师资和课程资源等方面都具有较强的便利性，将部分公共管理类课程导入法学人才培养计划中也比较可行。

---

① ［德］马克斯·韦伯．经济与社会（上卷）［M］．北京：商务印书馆，1998.

② 注：政法学院目前已经更名为法律与社会工作学院（知识产权学院），设置三个专业：法学、行政管理和社会工作三个专业。

## 四、公共管理与法学人才培养路径

我们进行法学人才培养导入公共管理学部分课程内容与能力的探索，具体路径可以从以下方面入手：

### （一）导入部分公共管理学基础课程

基于导入公共管理学途径的法学人才培养模式创新，首先要采取的措施是将公共管理学基础课程引入法学课程体系，如管理学原理、公共行政学、组织行为学、统计学原理和社会调查方法等公共管理学基础课程可以优先考虑。法学学生通过对该类基础课程的学习，不仅能够了解公共管理基本原理和运行机制，掌握公共管理的基本技能，并且能够拓宽知识视野，学会从多学科角度分析和思考问题。在具体课程内容安排上和公共管理学课程所占比例等一系列问题上，学校可以建立专门的教学研究团队，结合学校法学人才培养目标以及公共管理学课程资源进行深入的具体研究分析，通过系统化和规范化的论证，确定将公共管理学课程导入法学人才培养方案。在导入公共管理学课程时必须注意以下问题：一是培养方案的设计并不是一劳永逸的事情，当今时代发展迅速，大环境变化迅速，要对外界的变化具有高度的敏感性，从变化中把握时代的脉搏，因此培养方案也要随着外部环境的变化而不断改进和更新，以适应时代的变化，培养出社会需要的人才。二是学生在同时对法学和公共管理学课程进行学习时，因为接触到的课程知识面比较宽阔，而且可能会出现迷惑，难以将这些课程知识有机地体系化，甚至出现对于公共管理学基本理论知识学习不扎实、缺乏深度的现象，这就完全违背了人才培养的初衷。因此在设计培养方案的时候，要特别注明这些课程与人才培养目标之间关系，并且应注明必须学习和掌握基础理论知识。在此基础上，学校可以给予学生一定的自由度，让其根据自身兴趣和需求选修一些公共管理学课程。三是培养方案的设计要结合学生的学习能力。导入公共管理学基础课程固然对于法学人才培养具有重要价值，有助于增强学生的实际操作能力，提高综合素养，但也要注意学生的接受能力和学习强度，因此，教师在设计法学人才培养方案的时候，应注意避免可能会出现“遍地黄金都想给”的情况，在考虑到学生的学习能力情况下必须有所取舍，注意课程设计中量的问题，否则会出现适得其反的情况。

### （二）建立相应的优秀师资团队

“再好的培养模式充其量也只是一种‘工艺设计’，必须有第一流的‘工程师’将其付诸实施才行”①。想要通过导入公共管理学培养出复合型的卓越法学人才，必须有相应的优秀师资团队，能够整理公共管理学和法学专任教师的力量。因为如果只是单纯地导入公共管理学课程，完全由公共管理专业教师讲解，法学课程依然由法学教师讲解，容易出现“两张皮”的问题，不能将两个学科所学内容有机联系起来。这种“填鸭式”的教学方法只会让学生处于被动学习的局面，并不能促进学生将两门课程之间相关联的知识融会贯通和触类旁通，反而使学生的学习积极性和学习效率极大降低。一门课程应由公共管理学和法学教师共同承担，力争出现的局面是：教师在讲授法学知识的时候可以引导学生用公共管理学的视角进行全新思考，同时应注意促使学生由被动接受知识变为主动学习知识，真正促进学生对两类课程能够深入理解和融会贯通。因此，培养出相应的优秀教师团队同样重要，要注重培养教师对于法学和公共管理学的通识性。具体来说，团队优秀教师应当具备以下两种素质：一是注重两门学科的动态知识储备。只有对两门学科知识都有所涉猎，才能在必要时给予学生一定的引导思考，因此，教师必须对自己的知识不断更新，对于部分要掌握两类学科相关知识的教师来说，其要求更高。二是要具有创新性的教学能力。导入公共管理学对于法学人才本身就是教学模式的一大创新，固守传统的教学理念和方法不利于该模式对人才的培养，因此教师要具有创新教学方法的能力，敢于创新，大胆创新，探索出真正与之相匹配的教学体系和教学方法。

### （三）注重引入公共管理学的实证方法

法学研究固有的规范研究方法弊端日益凸显，严重阻碍了法学研究的进程，在法学研究中引入公共管理学已经成熟的研究方法，有利于拓宽法学人才方法论视野和增强处置实际问题的能力。从法学研究而言，“法学

① 吴铸新．关于人才培养模式改革的思考［J］．交通高教研究，1998（4）：18.

研究者要借助于其他社会科学的成熟方法来对法律问题展开全新的研究，也意味法学研究者不能满足于传统的规范法学方法，而应该将法学研究拉回到社会科学研究的主流轨道。”“每一种社会科学都有自己特有的研究方法，如社会学方法、人类学方法、经济学方法、政治学方法等。研究者运用这些方法所进行的法学研究，可形成一种新的法学研究方法，如法社会学、法人类学、法经济学、法律政治学等。”① 从社会治理的角度而言，引入新的研究方法可以拓宽法学人才的思维视野，创造出新的解决问题的方法。比如公共管理学要求在遵循法律原则的情况下，同时要关心民众的诉求，然而对民众诉求的关心又可能触犯法律，如何实现两者兼得往往需要执法者、法官乃至于法律政策制定者要具备较高的综合素养，能够从多个学科领域汲取解决问题的灵感。诸如城市市容管理与摆摊谋生之间的冲突，以及电动车管制与公共交通安全的矛盾等。从司法实践的角度而言，在2009年发生的青岛汉缆股份有限公司诉青岛松山机械有限公司商标侵权纠纷案中，法院通过引入社会调研方法进行司法证明，实现了两者的兼得。司法证明的传统方法主要包括询问、讯问、辨认、勘验、实验、搜查和鉴定等，但在此案中原告青岛汉缆股份有限公司起诉被告青岛松山机械有限公司侵犯其商标权，原告为证明其所拥有的“汉河”商标在相关公众中的知晓程度更高，申请法院开展市场调查，法院便委托第三方调查公司实施了调查。调查公司随后通过电话访问、实地拜访、定点拦截访问等不同的调研方法对“汉河”产品的企业用户、国内代理商和零售商、相关消费者以及同行业企业进行了调查。调查报告结论为原告的“汉河”商标在企业用户中的商标公众知晓度达95.0%，在相关消费者中的商标公众知晓度为97.0%，并且被调查对象中消费者的身份具有典型性，能够代表相关公众的意见。根据上述证据，法院得出支持原告诉讼主张的事实认定结论。该案是公共管理学中定量研究方法在司法实践中成功应用的实例，也创造了司法证明的新方法。因此，法学人才培养过程应注重公共管理学的实证研究方法，使学生对相关技能切实掌握，真正能拓宽思维视野，提高学生在学术研究和实践中的创新创造力，在日后工作实践中能够力求实现法社会学中所强调的公众合理诉求表达和法律自身原则不违背的两者兼得。

① 陈瑞华．法学研究方法的若干反思［J］．中外法学，2015（1）：22-28.

### （四）加强行政能力培养、强化教学实践环节

行政能力是公共管理类专业所培养的毕业生应具备的基本能力。"'行政能力'的概念原本是指政府行使管理、服务等权利的一种整体能力。""大学生行政能力概念的提出，是行政概念演变过程中的一个创新，大学生的行政能力……指管理能力、协调能力、综合能力和服务能力。从微观层次而言，包括计划能力、组织能力、控制能力。"① 如前所述，法学人才未来从事行政工作的可能性极大，因此加强法学人才的行政能力培养也非常必要。法学人才培养行政能力的主要措施应通过教学实践环节强化，通过教学实践可以使学生在不断解决实际问题的过程中主动学习和进行锻炼，从而真正提高个体行政能力。教学实践是指在法学人才培养方案中设计一些实践类的教育方式，给予学生更多得以实践的机会，比如论文写作、实地考察等，或者进行模拟教学，提高教学的针对性和现实性，具体而言，教学实践又可以分两种：一种是课外实践，一种是课内实践。课外实践主要是组织学生进入行政职能部门进行考察和实习，切身接触行政工作来锻炼自己的行政能力，然而想要在课外实践中取得良好的效果，必须保证充足的实践时间，至少应该保证在一个月左右，但学生的长期校外实习时间比较少，也制约了课外实践的频率和效果。所以仅仅依靠课外实践来增强学生的行政能力还不够，还应加强课内教学实践环节，用丰富的课内实践内容，如案例教学、情境教学和沙盘推演等方式来弥补课外实践的缺憾。除此之外，教师可以进行一定的教学方式创新，创造出新的实践教学方法。

## 五、结　　语

当今社会发展日新月异，全社会对法学人才培养提出新的要求，各类人才竞争的实质又是以综合实力为基础的较量。只有培养出高素质的法学人才，才能适应社会的需求，并在竞争中立于不败之地。传统法学人才培

---

① 王政忠，刘真真．对大学生行政能力培养的思考［J］．管理观察，2009（17）：122－123.

养模式已经不能满足当今社会的需要，当前本科法学教育知识面过于狭窄与法学专业毕业生需要宽阔知识视野之间的矛盾亟须解决，这也成为改革当前法学人才培养模式的首要问题。因此，基于法学专业毕业生未来的职业选择、职业发展和社会需要，结合国外法学人才教育特点和国内法学人才培养现状，在综合考量下提出导入公共管理学的法学人才培养创新模式。如前所述，选择公共管理学的原因在于其本身与法学之间有着一定的天然联系和现实基础；同时，通过导入公共管理学及其方法论借鉴，不仅有利于更好地培养法学人才，也有助于法学研究更大的发展。从具体实施路径而言，可以通过导入公共管理学基础课程，成立教研师资团队，注重强化公共管理研究方法和增强学生行政能力培养等方式来开展。毋庸讳言，基于导入公共管理学途径的法学人才培养模式创新还有诸多问题值得商榷和深入探讨。但我们相信，通过各方的不断努力探索和推动，加强法学人才培养模式创新，定能培养出更多高素质、宽视野、真正满足社会发展需要的复合型法学人才。这些卓越法学人才将为我国法治社会的发展和国家法治水平的提升发挥中流砥柱作用，促进依法治国、依法行政的现代化法治型国家建设目标的早日实现。

# 台湾高校社会工作本科教育的经验与启示

龚紫钰

**摘　要：** 台湾社会工作专业教育经过几十年的发展，已进入高度专业化阶段。从教育理念上看，台湾社工本科教育秉持专业化、通才教育、特色化、服务地方服务社会、本土化五大理念；从课程结构来看，课程设置既考虑了专业发展的核心要求，又发挥系所优势，形成特色课程模组；从教育方法来看，普遍重视专业实习、注重培养学生志愿服务精神及能力、充分挖掘校内外资源、鼓励学生参与研讨会，并强调对学生进行多元文化教育。这些经验对于理工学院社会工作系进一步发展具有较大的参考价值。

**关键词：** 台湾社会工作教育；教育理念；课程结构；教育方法

自党的十六届六中全会提出“建设宏大的社会工作人才队伍”是建设社会主义和谐社会的迫切需求之后，社会工作专业逐渐受到党和政府的重视，众多高校纷纷响应这一号召，积极设置社会工作专业。迄今为止，全国设立社会工作专业的高校已近 300 所，每年能将数万名本科毕业生送入社会，极大地壮大了社会工作专业人才队伍，社会工作专业教育规模也得以扩大。然而，在规模与数量取得突破性进展的同时，高校社会工作专业教育的质量又如何呢？针对当前社会工作的教育形势，学术界存在着“超前论”与“滞后论”两种主流论断[1]，前者认为西方社会工作的发展路径是“专业实践先于专业教育”，而我国社会工作的专业教育明显超前于本土的专业实践[2]。“滞后论”则认为，我国社会工作专业教育在具体实践内容上发展滞后[1]。无论是“超前论”还是“滞后论”，都反映出我国社会工作专业教育与专业本身的不相符，这说明我们的专业教育在发展过程中出现了偏差，而这种偏差如果不加以解决，将会直接影响我们的专业人才队伍发展，进而影响到建设和谐社会宏伟目标的实现，这提醒我们应该借鉴外部社会工作教育的先进经验，对本土社会工作专业教育进行改革与完善。

东莞理工学院于2013年正式设置社会工作专业，作为东莞唯一一所本土的公办本科院校，在东莞乃至整个珠三角地区的社会工作专业教育领域都有一定的地位，因此，提升理工学院社会工作专业教育水平，对于整个珠三角地区社会工作专业教育的发展都将会有重要的借鉴意义。由于历史及现实原因，东莞理工学院和台湾多所高校有较为密切的校际交流，与此相伴的是，理工学院社会工作系与台湾高校相关院系和研究所也保持着良好的学术互动，通过选拔学生短期交流学习、派遣教师学习深造等形式，双方都获益良多。特别是对于理工学院社会工作专业来说，台湾高校的相关经验更是值得借鉴，与香港地区社会工作主要受英国福利国家的影响不同，台湾地区社会工作教育更多的是借鉴美国的发展模式，同时结合中国传统文化特色，经过五六十年的发展，已进入高度专业化的阶段，时至今日，已经具备专业人才丰富、学历高、社会认可度高等特点[3]，非常值得学习和借鉴。在学校上下热烈展开教育教学大讨论、着力提升人才培养质量的背景下，本文尝试着从社会工作专业本科教育理念、课程体系设置、教育方法等方面入手，展示台湾社会工作专业教育的现状和特色，为东莞理工学院社会工作专业教育发展提供借鉴，也为高素质应用型创新人才培养目标的实现略尽绵薄之力。

## 一、台湾高校社会工作专业本科教育理念

教育理念是人们对教育的理性认识、理想追求及所持的教育观念，是教育的思想、精神和灵魂，一所大学的教育理念，决定着这所大学的思维模式和发展方向，不仅影响着大学的现在，也影响着它的未来。由此可见，树立什么样的教育观念对于大学教育来说极为重要。那么究竟何为教育理念？王冀生教授在《现代大学的教育理念》一文中指出，教育理念是建立在教育规律基础之上的、人们追求的一种教育理想。“科学的教育理念是一种‘远见卓识’，它能正确地反映教育的本质和时代的特征，科学地指明前进方向”。当然，“教育理念并不就是教育现实，实现教育理念是一个长期奋斗的过程”[4]。要提升中国大陆高校社会工作专业教育的质量，

首先就应当从树立起科学的教育理念做起，进而将其贯彻到日常的教学和研究工作中去，以指导实际工作的开展，因此本文将首先总结归纳台湾高校社会工作系（以下简称“社工系”）本科教育理念的特点。

### （一）专业化理念

专业化是一个学科彰显自身特色、树立自身地位的重要条件，台湾各高校社工系都非常重视培养学生的专业能力。一方面，设置种类多样的专业必修和选修课，使学生掌握社会工作（以下简称“社工”）专业基本知识与技能，了解特定服务领域的特殊知识与技巧；另一方面，给学生们提供多种多样的专业实习机会，提升学生的实践能力，通过理论和实践两方面的训练，力争使学生们在毕业时能够成为理论与实务兼具的专业社工人才。

### （二）通才教育理念

在强调培养专业社工人才的同时，台湾高校社工教育还注意对学生综合能力及素质的培养，赋予学生渊博、扎实的基础知识底蕴，即秉持通才教育的理念。梅贻琦先生在《大学一解》一文中认为：“通识，一般生活之准备也；专识，特种事业之准备也。通才之用，不止润身而已，亦所以自通于人也。信如此论，则通识为本，而专识为末。”可见通才的培养是具有十分重要意义的。而对于社工专业来说，其面对的服务对象涉及各种特征的人群，服务技巧和方法也涉及多门学科和知识，所以通识教育对于社工专业的学生来说尤为重要。台湾高校社工教育较好地重视了这一点，因此在专业课之外，还要求同学们修习一定学分的通识课程，包括英语、文学、体育、法律、艺术、计算机、政治、经济等各种门类的基础课程，通过这些课程的学习，培养学生成为人文素养丰厚、术才兼备的全人。有的学校还将学生在校期间获得某些资格证书作为毕业条件，证书内容涵盖语言能力（英语、原住民语）、计算机操作能力等多个方面，以此来激励同学们在专业之外掌握更多知识，院系和研究所则会提供考证辅导。

### （三）特色化理念

特色是一所大学区别于其他大学的个性化表现，而特色化就是大学通过科学分析自身情况，对可利用的人力物力等资源最优化，寻求、保持和发展自己的优势与强项[5]。为了实现特色化，台湾各高校社工系都会根据自身拥有的师资力量、软硬件设施等资源条件，以及所处的社会环境的特点，来确定本系的发展目标和重点，彰显出本系特色。台湾高校社工系基本上会形成自己的招牌课程模组，就是特色化的表现之一。如屏东科技大学根据自己学校所在地区原住民较多的特点，着重对学生进行针对原住民的专业服务教育，就是一个特色化办学的鲜明案例。

### （四）服务社会、服务地方的理念

服务社会是所有学科都应该持有的理念，时代的高速发展使得社会已不满足于大学通过培养高端人才及开展基础研究而提供的间接服务了，而是要求大学走出“象牙塔”，通过多种方式直接服务于社会，而对于以助人为己任的社会工作专业来说，服务社会就更是自己义不容辞的责任了。台湾高校社工专业教育历来重视对学生们服务社会的能力的培养，教导学生们树立社会责任意识，以更好地投入服务社会、特别是服务社会弱势群体的工作中去。

很多地方大学都是地方倾注大量财力、物力和人力创办起来的，因此服务地方也是大学教育应有的理念。台湾很多高校的社工系都鼓励师生走出封闭的校园环境，融入地方的经济、政治、文化建设中去，适应当地需求，利用自身的优势和资源为地区发展做出贡献。通过这种服务地方的过程，社工系也能与当地的企事业单位建立起稳定互助的合作关系，这反过来也有利于专业的发展，最终达到一种双赢的结果。

### （五）本土化理念

无论从发展阶段还是发展水平上来看，西欧国家社会工作事业的完善程度都要胜于中国大陆及港台地区，因此国际社工发展呈现出以欧美社会为主导的态势也不足为奇。台湾社工教育的发展也经历过一个照搬美国模式与特点的时期，直到20世纪80年代以后，本土化反思阶段才逐渐到来。一个学科要得到真正长足的发展，是不能不通过本土化这一过程的。台湾高校社会工作教育者和实务工作者们共同致力于社会工作本土化的探索，针对中西方社会存在的不同价值观念、宗教信仰、哲学思潮、生活习惯等方面开展比较研究，经过30年的发展，台湾社会工作专业教育已形成了自己的特色和模式，一定程度上实现了社会工作的本土化。

## 二、台湾高校社会工作专业本科教育课程体系

台湾高校的社会工作专业本科教育课程大体上也是由必修课和选修课组成的，其中必修课包括校必修（或通识课程）和专业必修，选修课也可分为专业选修和自由选修两类。在这里我们重点讨论的是专业必修课和选修课的课程设置，因为这最能集中反映一个专业的育人理念和育人方法。

在专业必修课设置方面，虽然各个学校的具体情况有所不同，但基本上是按照1971年第三次社会工作教育会议后由“教育部”制定的《社会工作学系（组）课程标准》的要求来进行课程设置。该标准将社会工作概论、人类行为与社会环境、社会个案工作、社会团体工作、社会组织与社区发展、社会福利行政、社会政策与社会立法、社会统计、社会工作研究法以及社会工作实习作为社会工作学系（组）的必修课程，即使现在“教育部”已经不再强行规定各高校的必修课程，但是大多数学校还是维持了本来的课程设置。随着后期报考社工师的资格必修科目中新增了“方案设计与评估”和“社会工作管理”的要求，这两门课也加入必修课中[3]。各高校并不是完全照搬这一标准，而是结合本系或本专业的教育理念、教育目标、教育特色，或者舍弃某些课程，或者新增某些课程，来形成自己独特的必修课程体系。以美和科技大学社会工作系为例，该系共开设了18门社工师必修课，除了基本包含上述12门必修课程之外，心理学、社会学、社会心理学、社会福利理论、社会工作实习准备教育、社区工作等6门课程也被纳入必修课体系中，以达成其专业必修课“培养社工专业知识与技能”的课程目标。台湾高校社会工作教育很重视社会政策的倡导，教师不仅会在授课过程中援引相关法条作为某个福利领域存在的依据，而且福利政策的立法也被视为相当重要的内容[1]。这种教学的侧重也会体现在课程设置上，如社会政策与社会立法、社会组织与社区发展等必修课程的开设。

专业选修课的设置更能凸显出各个高校社工专业的特色。综观数个台湾高校社工系的课程体系，我们可以发现在选修课的设置方面，这些系基本上是围绕着其特色教学模组展开的，而这些教学模组或学群都鲜明地体现出该系的研究重点与研究专长。美和科技大学社会工作系有“家庭社

工”和“老人暨身心障碍”两个课程模组，围绕着这两个模组，分别开设了12门选修课和16门选修课，前者包括亲职教育、家族治疗概论、家庭暴力与社工处遇、妇女社会工作等课程，后者包括老人照顾概论、老人福利服务、老人照顾实务与运用、老人团体活动设计等课程。两个模组之间又有10门共同选修课，如志愿服务工作、劳工福利与就业服务、法律与社会工作、社会工作督导等课程。大仁科技大学则建立了三个特色课程模组，即儿童少年与家庭社会工作模组、健康照顾模组和社会福利行政管理模组，分别对应着相关课程。多样化的课程设计给学生们提供了根据自己的兴趣选择学习内容的机会，而大方向上的集中又能保证学生学到系统性的知识，这种选修课的设置方法值得我们学习与借鉴。除了针对传统服务领域开设的课程外，近年来有些高校还开设了原住民社会工作、跨国婚姻家庭服务、安宁疗护社会工作等领域的选修课程，这反映出学校的教育内容应该随着所处社会环境和社会问题的多元化发展变得更加多元化，以切实回应社会需求。

## 三、台湾高校社会工作专业本科教育方法

台湾地区社会工作专业本科教育方法的特色之一其实可以从上文中有关课程设置的内容中看出来，即十分重视专业实习。作为一门注重实践的学科，在教导学生掌握好专业基本知识与技能之外，台湾高校还必须指导学生参与专业实习，在实习中检验知识，发展知识。台湾各高校的社会工作系几乎无一例外都把专业实习作为培养学生的一个十分重要的方法，并且建立了完备的实习制度，努力让学生在实习中获得切实成长。大仁科技大学社会工作系依照“台湾社会工作专业人员协会”以及“台湾社会工作教育学会”的有关规定，要求学生在学期间应该至少有两次机构实习经历，合计实习时间应当超过400小时，机构督导应当具备社工师资格并且有实务工作经验两年以上。除了这些硬性规定之外，还有一个包含九个阶段的成体系的学生实习流程安排，用以帮助学生与机构之间形成双向选择，提升学生的实习质量。这九个阶段依次是修习实习相关课程—参访社会福利机构—填写实习意愿调查表—实习就业委员会审核实习机构名册—寄发实习机构安置询问表及汇整结果—学生填写实习机构申请意愿表—寄

发实习申请资料—实习安置及公布暑期实习安置结果—暑期学生至机构实习。台湾各高校的社会工作系基本上有一套严格的实习管理制度，务必使同学们通过实习有所成长。

特色之二是除了重视专业实习之外，台湾高校社工系还普遍重视教育学生培养起志愿服务精神及能力。有的学校的毕业条件之一就是要求学生在校期间必须参加志工基础训练及特殊训练，并领有志愿服务手册，这一点和大陆很多高校有所不同。在大陆为了赢得社会工作的专业地位，总是需要强调社会工作不是志愿服务，社会工作者也不同于志工，却没有特别强调社会工作学生应该而且必须投身到志愿服务中去，忽视了志愿服务对培养学生服务精神与服务技能的重要作用，这一点可能是今后可以有所改进的地方。

特色之三是大力挖掘并利用校内外资源，为学生提供优越的学习与实践环境。台湾高校社工系除了多媒体教室、图书室等基本配备外，基本上有众多专业特色教室，提供给学生具体感知社会工作服务技巧与过程的机会，同时也是给师生们提供了一个畅所欲言、沟通交流的自由空间。大仁科技大学社工系共有 7 个专业教室，分别是社会资源调查工作室、多媒体视听室、方案研究室、家庭会谈室、团体工作室、多功能会议室以及个案会谈室，其他高校情况也大致如此。而包括东莞理工学院在内的很多大陆高校社工专业要么根本没有专业教室，要么就是利用率极低，而这些都是有待提升的地方。利用校内资源的另一个表现是台湾高校社工系会与本校其他专业合作，优势互补，以提升教学和服务质量。比如有的社工系与本校护理系等系合作，共同提升服务老年人的知识技能。东莞理工学院也有众多专业，其中可资利用的资源为数不少，值得加以开发利用。除了校内资源，台湾高校还会开发利用校外资源，如与社会福利机构签约，提供教学研究与实习等方面的合作机会；受政府委托，与社区共同开展社区计划等等。这些校内校外资源的有效利用，为学生的成长提供了多种支持。

特色之四是鼓励学生参与研讨会，制作专题报告，开阔学生的视野，提升学生的交流能力、研究能力及临场发表能力。很多台湾高校社工系都鼓励甚至要求学生参与不同主题的研讨会，并在老师的指导下做出专题报告，有的学校还会把参加一定数量的研讨会及做出专题报告作为毕业的必要条件。通过参与研讨会，在研讨会上畅所欲言、热烈讨论，不同的思想观点得以交流碰撞，学生们可以收获到很多课堂上得不到的东西。研讨会的形式不拘一格，规模可大可小，有的学校专门在午餐时间举行小型研讨会，形式活泼，轻松愉快。而专题报告则是由指导老师协助学生，运用四年所学知识，配合实务专题课程，通过专题研究设计等方式，针对社会工作实务进行专题探讨，以提升学生的独立创作及实务研究经验。

特色之五是注重对学生进行多元文化教育。20世纪70年代以来，一种被称为“差异的文化权利”的思潮影响力日渐增长，该思潮认为，弱势群体在面临主流文化时，不应该遭到排斥和边缘化，而是有保存自己文化独特性、诉求认同与差异、过上有尊严的生活的权利[3]。在这种思潮的影响下，原住民、外籍移民等群体及其议题就引起了社会各界的广泛关注。台湾高校社工系十分重视对学生进行多元文化教育，这可以从课程设置、教学内容等方面看出来，如有的学校会开设诸如“原住民社会工作”等课程，有的学校会鼓励学生掌握客家话或原住民语言。这些措施都是为了使学生们培养起多元文化意识，了解弱势群体的需要并更好地为弱势群体提供服务。

## 四、反思与讨论

相比于台湾高校的社会工作教育，大陆的社工教育缺乏立场的批判性、专业的自主性与领域的多元化，具体来说，在教育的内容上较缺乏倡导的因素和宏观的视角，教育的发展方向上多受政府政策规划的指引，依赖于政府单方面的支持，专业的发展上尚未形成自己的知识体系、专业地位和专业追求等[1]，可以说，大陆现在的社工教育处在相当于台湾社工教育发展的早期阶段。东莞理工学院社工专业作为在大陆这一大环境下发展起来的学科，也或多或少存在这些问题，好在两岸积极的学术交流为我们提供了一个了解与学习台湾高校社工教育先进经验、取长补短的机会。

首先，在教育理念上，“专业扎实、一专多能、综合发展”是我系社会工作人才培养的理念，这一理念包含了专业性、通才性两个重要内涵，但是笔者认为，除此之外，“多元文化”这一重要理念也应该被包含进去。台湾社工教育十分重视培养学生们的多元文化意识，原住民、外籍劳工、外籍配偶、外来移民等都是社会工作服务的对象。近年来，大陆地区的流动人口问题及随之而来的流动儿童问题、留守儿童问题日益突出，这些人群成为新的弱势群体，如何培养社工学生们增强对这些群体的文化敏感性，更好地了解服务对象的处境及需求，进而更好地为服务对象提供服务应该纳入我校的社工教育体系中来。尽管我系师生已经有一定的服务异地务工人员的实践经验，但是这方面工作还需要进一步深化，对多元文化的重视力度还应该加大，只有这样才能适应社会的多元化需求，更好地实践社工使命。

其次，在课程设置方面，我校社工专业还是有很大的提升空间。在专业课的设置上，缺少诸如“社会工作研究方法”这类专门针对社会工作的研究方法课，以至于有的社工专业的学生在撰写毕业论文时，存在着不知采用何种方法的困扰；也缺少诸如“社会政策与社会立法”这种有关社会福利立法的课程，使得同学们缺少对这方面知识的了解。在未来的专业建设中，可以考虑引进这方面的人才，为学生开设此类课程。而在选修课的设置方面，由于尚未形成本专业的特色课程模组，所以专业选修课存在数量多但方向分散的问题，难以满足学生和社会的实际需求，更不用提产生诸如“原住民社会工作”这种彰显地方特色的选修课了。这一现状提示我们，应该逐步确定彰显东莞理工学院社工教育特色的研究方向，进而发展有社工特色的课程体系，形成自己的核心竞争力。根据对本系学生的访谈结果，特别值得一提的是，应该考虑在选修课中加入“社会工作理论”课程，为有需要、有兴趣的学生提供系统的理论学习机会。

第三，在教育方法上，参照台湾高校的经验，我校社工专业在教育学生时，要加强对学生的志愿服务精神和能力的培养，同时注重促使学生内化社工专业的利他主义价值观，用这种内化了的价值观指导行为，抵御物质社会的各种诱惑，坚守社工岗位，服务社会，改变社工专业毕业人才大量流失的现状，这对于缺乏宗教信仰底蕴的整个大陆社工教育来说极为重要。

此外，我校社工专业应该充分挖掘校内外资源，投入教育教学中去。在对校内资源的挖掘利用上，新建成的社会工作专业实验室刚刚开始投入使用，无论是教师还是学生对实验室的一些软硬件设施都不太熟悉，应该邀请专业人士对教师展开培训指导，或者组织师生代表前往其他有实验室使用丰富经验的学校参观学习，帮助教师尽快掌握实验器材使用技术，进而在教学中增加实验课比例，提升学生的实操能力；在对校外资源的利用上，可以与广东医科大学合作，培养医疗社工人才；与国内外高校建立交流生机制，为学生提供到外校交流学习的机会；等等。台湾高校社工教育方法另一个值得学习的地方表现在其鼓励学生们参加各种形式的研讨会，我校社工系也有能力组织形式不拘一格的小型研讨会，为学生们提供不一样的学习体验。

台湾地区高校社会工作教育为我们提供了一条不同于欧美以及我国香港地区的“第三条道路”，在与台湾地区高校社工教育的对比中，我们固然看到了差距和不足，但是我们应当有信心，因为东莞理工学院社会工作专业经过了四年的发展历程，已经积累起自己的一套经验，在珠三角社工界也有举足轻重的地位，只要我们努力取人之长，补己之短，一定会逐步克服存在的缺陷和不足，将社工专业教育推向一个新的发展阶段。

**参考文献：**

[1] 翁雪，郑广怀．批判、自主与多元——台湾社会工作教育的发展及其对大陆的启示［J］．开放时代，2011（6）．

[2] 熊跃根．转型时期中国社会工作专业教育发展的路径与策略：理论解释与经验反思［J］．华东理工大学学报（社会科学版），2005（1）．

[3] 翁雪．台湾社会工作教育的发展脉络及启示［J］．社会工作，2010（23）．

[4] 王冀生．现代大学的教育理念［J］．辽宁高等教育研究，1999（1）．

[5] 文丰安．我国现代大学的教育理念［J］．社会科学家，2008（12）．

# 东莞理工学院教育教学过程中存在的问题及对策

## ——基于研究型教学的视角

杨亚南

**摘　要：**推行研究型的教学模式是东莞理工学院教育教学改革的现实需要，有利于提高人才培养质量，实施因材施教，培养学生的创新精神。当前东莞理工学院的教育教学实践过程中，管理人员和一线教师受到传统教学理念的束缚，科研与教学的关系有待进一步理顺，教育教学的评价体系也有待完善。为了深入推进教育教学改革，对学生的综合能力进行全方位培养，学校的管理人员和一线教师需要树立研究型教学理念，完善职称评定体系和教育教学效果评价体系，推动教学与研究的紧密结合。

**关键词：**研究型教学；教育教学；人才培养；教学质量

东莞理工学院是东莞市人才培养的摇篮，深入推进东莞理工学院的教育教学改革，有助于为广东省和东莞市创新驱动发展提供人才保证、智力支持和科技支撑，充分发挥东莞理工学院在东莞市全市众多高校中的龙头地位，促进东莞市经济和社会发展双转型。当前，在广东省高水平理工科大学建设的新形势下，东莞理工学院的教师管理过于偏重科研，教学与科研的关系有待进一步理顺，教育教学体制管理存在不完善之处，教学质量有待提高。东莞理工学院的人才培养质量虽然受到用人单位的广泛认可，但仍存在进一步提高的空间。因此，本文从研究型教学模式的视角，对东莞理工学院教育教学过程中存在的问题进行分析，并根据这些问题提出有针对性的对策。

## 一、东莞理工学院实施研究型教学模式的现实意义

### （一）推行研究型教学是东莞理工学院教育教学改革的现实需求

在广东省高水平理工科大学建设的新形势下，学生人数逐年增加，新建了一批特色产业学院，一本招生取得重大突破。广东省委、省政府决定省市共建，五年投入35亿元，把东莞理工学院建设成为高水平理工科大学，为广东省和东莞市创新驱动发展提供人才保证、智力支持和科技支撑。东莞理工学院实行研究型教学顺应了国际教育改革的形势和国内教育进步的时代要求，有利于推进东莞理工学院教育教学的不断进步，提高教学质量，为东莞市的经济和社会发展双转型培养大量的优秀人才。推行研究型教学模式有利于深入推进教育教学改革，培养大学生的综合能力，实施素质教育。在人才培养的教育教学过程中，突出强调以创新精神和实践能力为重点，培养终身学习的能力和构建终身学习的教育体系。

### （二）研究型教学有利于学生综合能力的培养

传统教学是教师的“灌输式教学”和学生的“接受式学习”，存在诸多弊端。研究型教学把课内讲授与课外实践、教师指导和学生自学有机结合，注重培养学生创造性地分析解决问题的能力，注重根据教学内容和学生的认知水平进行因材施教，强调发动学生主动参与教学过程，积极启发学生主动进行思考，引导学生运用密切结合自己掌握的理论知识去积极探索未知世界，既授学生以“鱼”，更授学生以“渔”。作为一种教学模式或教学理念，在“教”和“学”的全过程中都贯穿着研究型的特征，与传统的教师传授知识和学生接受知识的模式有很大差异。

### （三）研究型教学有利于因材施教和培养学生的创新精神

现代大学教育人才观和质量观的核心是培养有创新精神的高素质人才。个性发展是大学生全面发展的核心，也是大学生创新能力的重要基础。研究型教学模式把大学教育视为学生个性形成和发展的一个非常重要

的阶段，充分重视大学生个性、特长和兴趣爱好的发展和提高。在教学过程中，教师在尊重学生不同个性差异的基础上，根据学生的个性特点，结合专业知识的学习，进行个性化教学，进一步发展学生的某些特长，塑造其独立人格。通过这种因材施教的教育，学生培养了独立分析问题和解决问题的能力，进一步提高了自己的科学批判精神和对知识的探索发现能力，并最终形成创新精神。

## 二、当前东莞理工学院教育教学过程中存在的问题

### （一）传统教学理念的束缚

传统教学模式制约了研究型教学的顺利开展和实施。部分教师的教学只注重书本理论知识的传授，满足于知识的先知者角色，教学过程中忽视了学生获取知识的主体能动性，师生关系过于正式、刻板，缺乏师生互动。部分教师把教学看作单一的我讲你听的单向灌输过程，只注重让学生接受抽象的结论和脱离实践的理论知识，没有主动探究问题。在实验教学中，模仿、验证性过多，缺乏创新性、综合性，严重地影响知识学以致用的效度和实践技能的切实提高。学生发现问题、分析问题、解决问题的能力缺乏锻炼，创新意识和能力培养没有得到应有的重视。教学过程是一种开放式的学习，在教育科学技术得到巨大进步的今日，学生获取和利用课外资源的途径和能力今非昔比，在某些方面的知识拥有量有时甚至超过教师。由于解决问题的方式和途径不是唯一的，解决问题的答案完全有可能超出教师原有的知识积累、知识结构、工作经验和工作能力，教师在这个过程中本身也是一个学习者。另外，许多教师在授课内容上没有把握好多学科专业知识的综合衔接与交叉融合，教学活动局限于单一的学科专业知识领域，学员不能形成完整的知识体系，影响了知识之间的有效整合，也不利于知识创新。

### （二）科研与教学的关系处理失衡

综观高校教育发展历史，教学工作一直是大学的中心工作。作为大学发展源头的欧洲中世纪大学正是为了教学的需要才诞生的。虽然随着社会

的进步和发展，大学的职能扩展到培养人才、科学研究和社会服务，但毋庸置疑，教学依然是大学的中心工作。目前，东莞理工学院的一线教师存在重科研、轻教学的现象。究其原因，一方面，科研水平是对教师进行绩效评价的主要指标，也是学校提高科研水平的重要衡量指标，而且科研经费也是教师收入的重要来源之一。为了激励教师加大科研投入，调动教师科研的积极性，东莞理工学院在学校的科研体制管理上对经费管理按照比例进行提成以作为相关科研人员的物质奖励。教师在这样的激励体制下为了多出成果、早出成果，往往把工作重心放在科研上，忽视了教学工作，导致科研和教学头重脚轻。另一方面，东莞市、广东省和国家为了促进经济和社会发展，提升经济发展的质量，普遍采取了激励科研及其成果转化的措施。在此形势下，各级政府和东莞理工学院对科学研究尤其是应用性比较强的科学研究及其成果转化也加大了扶持力度。在此利益驱动下，东莞理工学院的教学工作更容易被忽视。

### （三）教育教学的评价体系不够完善

目前东莞理工学院教育教学的评价体系不够完善，制约了东莞理工学院的研究型教学的开展。在诸多问题之中，尤为突出的是教学工作量的评价体系和教师的职称评定体系存在诸多不合理之处，亟须进行改进。首先，教学工作量的评价体系存在不合理之处。教学工作是一项复杂的劳动，实行案例教学和分组教学等教学形式需要精心准备案例，需要投入相当多的精力和时间，需要教师在课堂之外花费远远超过课堂授课的时间。如何衡量这些劳动量需要一套科学的评价标准体系，目前东莞理工学院的教学工作量评价体系远未达到这个要求，需要进一步完善。当前东莞理工学院的教学评价体系，多数仍然按照授课学时来计算教学工作量，与教师的实际付出有一定的差距，也忽视了不同的教学效果的付出差异，从而在一定程度上挫伤了教师对教学工作的积极性。其次，在教师的职称评定体系方面，由于科研成果是大学进行评估的最重要指标，东莞理工学院在职称评定时加强了对教师发表学术论文的数量和质量的硬性要求，学术成就、研究成果是衡量教师工作成绩与晋级的主要标准，教师的收入往往更多与他们的科学研究能力挂钩。这种过于强调科学研究成果的考核方式导致许多人急功近利，把科研而非教育教学作为工作重点并以此来获取更多的收入。

## 三、推进研究型教学的建议

### （一）树立研究型教学理念

在广大一线教师和管理人员中树立研究型教学理念是大力推进东莞理工学院研究型教学的首要条件。研究型教学是一种新型教育理念，直接与人才培养的质量密切相关，影响东莞市教育事业的发展和东莞市经济社会发展双转型的顺利实现。东莞理工学院的广大教师需要增强责任意识，及时转换教育理念。在研究型教学中，教师要树立教学工作不仅仅是授学生以“鱼”，更核心的任务是授学生以“渔”，破除传统课堂教学的“灌输”模式和“照本宣科”模式。教师与学生之间需要进行良性互动，二者共同探索求知。教师要积极营造良好的教学情景，激发学生的问题意识、探究意识和创新意识，掌握和熟练运用研究与探讨问题的思想方法和学习方法。

一线教师在教育教学过程中要进行积极的讨论和思考，形成生动、活泼、主动的学习氛围，加强知识的综合运用和研究，培养学生整合知识的能力，从而全面提高学生综合素质。教师要与时俱进，密切联系所讲授学科的学术前沿动态与未来发展趋势，积极引导学生进行研究型学习，力戒一本教案多年重复使用。教师通过授学生以“渔”，使他们掌握新旧知识之间的逻辑联系，在各学科的学习过程之间建立起知识的关联体系、能力及思维方式的综合体系，达到对知识的融会贯通目的。与此同时，培养学生自我学习、独立思考、综合运用、解决实际问题的综合能力，能够成为参与发现、创造新知识和形成新思想的人。

### （二）完善职称评定体系和教育教学效果评价体系

科学合理的职称评定体系和教育教学效果评价体系能够引导研究型教学工作正常有序地开展和进行。教育教学效果评价体系的完善需要突出学生的基本素质和能力的培养，突出学生对该课程知识的认知程度、兴趣以及师生教学互动的热度。围绕此重点，要加强教师教育教学态度、教学内容和教学手段等评价指标的考察，检查教师是否课前准备充分、讲解熟练，答疑是否及时，作业布置是否适当、批改是否认真；教学内容是否做到理论联系实际，是否密切关注学科前沿发展动态，讲授内容是否清晰明确而且重点突出；教学手段和方法是否灵活多样、选择适当，教学辅助手段是否运用自如，是否及时了解学生的学习情况并及时补救教学中发生的问题。

为了完善职称评定的指标体系，东莞理工学院的教师管理需要参照国际上教师职务分类的管理办法，大力推进职务聘任制，加大对教学工作的支持力度。教师职务分成教学—科研系列、科研系列和教学系列等三个系列，每个系列实行期限合同，严格按照岗位需要依据择优、竞争、公开、流动的原则进行教师管理。在教学—科研系列增设助理教授职务，加强教学—科研系列教师队伍的建设。在聘任教学—科研系列、教学系列教师的时候，考核的首要指标是教师能否上课，对于聘期内不能满足教学要求或教学评估不合格的教师，如教学工作量达不到最低要求、不给本科生上课或者教学效果很差的教师，就不能评为教授、副教授，更不能够续聘。

### （三）推动教学与研究的紧密结合

科研与教学是高等学校的两个重要职能，研究型教学要求实现二者的密切结合，处理好二者的关系，使科研推动教学质量的提高，加强与学科相关新知识的教学改革，实现教学工作与科研工作的有机结合，推动本科教学工作。通过科学研究，教师能够掌握学科领域的前沿知识，跟进最新研究成果；在此基础上，不断更新教学内容，把科研工作的思维方式及最新成果融入教学中，带动学生创新思维和创新能力的培养，提高理论教学和实验教学水平，提高教师的业务素质，切实改善教学质量。学校需要积极鼓励科研成绩突出的教师参加教学工作，讲授其研究领域的前沿知识，丰富教学内容，为学生提供解决问题的思维和科研中的经验教训。

为了提高人才培养质量，研究型教学要求把科学研究当作教育的结合点，重视吸收本科生参与科研项目，将教学与科研真正结合起来，提高学生的专业知识和实践能力。要求学生在科研活动中能够密切联系现实问题，主动查阅相关资料，充分发挥他们的创造力，开发他们的科研潜力，积极思考问题并寻求答案。教师结合自己丰富的经验和具体课题对学生进行指导，养成良好的思维习惯，引导学生增强追求真理、敢于怀疑和挑战权威的意识，培养学生发现问题、分析问题和解决问题的能力。这不仅有助于改善学生的知识结构，开阔学生的视野，培养逻辑思维的能力，而且也培养了他们严谨的科学态度和工作作风，提高了学生独立思考问题和实践操作能力。

**参考文献：**

[1] 龙慧灵，熊黎，龙海明．论研究性教学与研究性学习［J］．社会科学家，2010（8）．

[2] 郭晓云．研究性教学与应用型人才培养的互动机制研究［J］．改革与开放，2010（24）．

[3] 赵新平．研究性教学中教师角色的重塑［J］．教育理论与实践，2011（1）．

[4] 褚小婧，程向阳．大学数学研究性教学的实质及探索［J］．大学数学，2011（1）．

[5] 李延保．对“研究型大学”和“研究性教学”的再认识［J］．中国高校科技，2011（6）．

[6] 郭晓云．略论高校研究性教学及其评价指标体系的构建［J］．河南师范大学学报（哲学社会科学版），2011（4）．

[7] 陈佑清，吴琼．为促进学生探究而讲授——大学研究性教学中的课堂讲授变革［J］．高等教育研究，2011（10）．

[8] 别敦荣．研究性教学及其实施要求［J］．中国大学教学，2012（8）．

[9] 鞠晨鸣，徐建成．以“实践”为导向的研究性教学——工程训练教学方法改革［J］．中国大学教学，2012（9）．

[10] 戴云龙．培育创新型人才的研究性教学改革探索［J］．教育探索，2012（10）．

[11] 何云峰．大学“研究性教学”的发展路向及模式建构［J］．中国大学教学，2009（10）．

[12] 夏锦文，程晓樵．研究性教学的理论内涵与实践要求［J］．中国大学教学，2009（12）．

[13] 姚利民，康雯．大学研究性教学现状与原因分析［J］．中国大学教学，2009（1）．

[14] 刘智运．论高校研究性教学与研究性学习的关系［J］．中国大

学教学，2006（2）：24.

［15］赵洪．研究性教学与大学教学方法改革［J］．高等教育研究，2006（2）．

［16］黄亚平，陈小鸿．研究性教学：理论与实践［J］．浙江工业大学学报（社会科学版），2006（2）．

［17］罗正祥．对推进研究性教学的思考和建议［J］．中国高等教育，2006（Z2）．

［18］李宏祥，姚利民，史曼莉，等．大学研究性教学内涵、特征和过程［J］．湖南社会科学，2008（5）．

［19］梁林梅，刘永贵，桑新民．大学研究性教学常见问题及对策分析——以“信息时代大学生学习能力培养”课程为个案［J］．中国大学教学，2007（8）．

［20］王岚，刘赞英，张艳红，等．构建以研究为本的本科研究性教学模式［J］．江苏高教，2007（4）．

［21］刘俊．研究性教学方法在《旅游经济学》本科教学中的运用［J］．中山大学学报论丛，2007（8）．

［22］康雯．大学研究性教学现状调查及其策略研究［D］．长沙：湖南大学，2007.

［23］刘新奇．大班额研究性教学：支撑条件、有效模式与教师角色［J］．高教探索，2014（4）．

［24］辛志成．论研究性教学［D］．太原：山西大学，2008.

［25］李福华．高等学校研究性教学初探［J］．当代教育论坛，2004（6）．

［26］沈云林．大学学科课程研究性教学模式的构建［J］．现代大学教育，2004（5）．

［27］汤志华．“中国特色社会主义理论与实践研究”课程研究性教学改革的思考［J］．思想教育研究，2016（6）．

# 公共管理的学科理念及其人才培养模式探究

朱晓红

中国公共管理学科经过了20世纪80年代以来与行政改革和管理制度建设同步发展的过程，2005年，公共管理专业成为教育部学科设置中的一级学科，目前，全国200多所高校建立了公共管理系、所或学院，国内具有较大影响力的公共管理专业主要有中国人民大学公共管理学院、清华大学公共管理学院、浙江大学公共管理学院等。2016年9月，为培养适应地方经济社会发展所需的公共管理人才，我校法律与社会工作学院原行政管理系更名为公共管理系，同时在组织架构、师资配备、课程体系建设等方面进行了全方位的调整，目前正处于起步阶段。

如何吸取国内其他高校公共管理学科建设的经验并与当前东莞经济社会发展的实践相结合，培育具备公共管理的先进理念和公共服务精神，掌握公共管理的知识、方法和能力，能够服务于地方经济社会发展、创新基层社会治理的专业人才，成为当前法律与社会工作学院公共管理系面临的重要挑战。而这些挑战中的首要任务则是在明确公共管理学科育人理念的前提下，完善并实施适应现代公共管理实践要求的人才培养模式，并推进与之相适应的课程体系、教学模式及实践环节的改革。

## 一、公共管理专业人才培养的理念

公共管理的“公共性”是公共领域的基本属性。1948年，美国政治学家和现代公共行政学者德怀特·沃尔多（Dwight Waldo）《行政国家》出版后，“行政国家”这一概念为更多的人所了解。在德怀特·沃尔多看来，“公共”是构成公共管理最本质的概念，公共管理的范畴体系建立于“公共”这个概念基础之上。在美国学者特里·库珀（Terry L. Cooper）看来，价值是公共行政的灵魂，确保“公共利益”“公共价值”的增值是公共管理活动应有的诉求和指向。美国当代著名公共行政学家、新公共行政学派领军人物H. 乔治·弗雷德里克森（H. George Frederickson）在《公共行政的精神》一书中从公共行政的本源——“公共性”谈起，对涉及公共行政领域的公正、公平、公民精神、自由裁量权等问题进行了深入细致的分析。基于此，公共管理专业人才培养的目标是培育具备公共管理的先进理念和公共服务精神，掌握公共管理的知识、方法和能力，具有一定公共事务管理水平以及一定创新精神的应用型人才，具体而言包括以下几方面：

## （一）具有公共服务的精神

“公共精神”就是指在公共生活中，涉及公共事务的治理与公共利益的分配，公共管理者与公民在公共行政领域内所形成的信念、价值和习惯，这是“对于公共服务的召唤以及有效管理公共组织的一种深厚的、持久的承诺”。公共管理学科的培养目标在于通过基础课程的设置、搭建实践教学平台，鼓励和推进大学生积极参与公共生活实践，通过校内校外实践的衔接，培养学生关心公共事务、乐于服务社会、学习与人合作、增强参与意识和志愿精神，培养其具备自主、理性、自信的“公民精神”。这种服务公众的服务精神还蕴含着民主理念、公正理念、契约精神，追求公平、正义和社会公共生活之善。

## （二）掌握公共管理的原则方法

公共管理以社会公共事务作为管理对象。社会公共事务的具体内容分为公共资源和公共项目、社会问题等；公共管理的目的具有追求公平、民主、效率等多重价值目标，管理原则包括服务原则、依法管理的原则、公开透明原则、责任原则等；管理方法包括发动多元主体合作治理方法、借鉴市场机制实现多种方式供给公共产品以及管理理论中所讲的其他具体方法。因此，公共管理管理对象的广泛性、管理目标的多重性、管理原则、管理方法的多样性等特征决定了对公共管理者提出了更高的要求。公共管理学科培养的学生需要了解当前我国经济社会发展的最新趋势、动态以及相关政策，同时需要系统掌握公共管理的理论与方法，了解党政机关、企事业单位、非营利部门等的基本工作方法，具有较强的组织管理能力、沟通协调能力、表达动员能力等。

### （三）关心公共事务

公共管理是一种与社会结合最紧密的管理活动，经过30多年改革开放和社会体制的建设，中国社会发展目前面临智能化、信息化时代，同时也面临着由于社会剧变所带来的社会力量迅速壮大、利益诉求不断增强等严峻复杂的挑战。因此，公共管理专业的学生必须深刻了解国内外公共管理领域的重大变革，逐渐培养洞察社会问题的能力，培养解决社会矛盾和社会问题的能力。

## 二、公共管理专业人才培养的探索

### （一）丰富教学内容、创新教学方法

围绕公共管理人才培养的目标，结合学生自身的特点，明确课程教学的内容和重点，创新教学方法，提高教学质量。一是完善学科体系。国内部分著名高校的公共管理学科已经具有一定的规模，而我校的公共管理学科正处于启蒙阶段，目前已经初步形成了公共行政、社会治理、产业科技政策三个方向，接下来需要进一步完善这三个方向的课程体系、实践教学、师资配备、学习交流，以便进一步与地方经济社会发展的形势进行对接。二是结合教材进行政策解读。对国内各省市社会建设“十三五规划”纲要进行解读，使学生了解我国“十三五”期间社会建设取得的成就以及面临的挑战，了解“十三五”期间国家推进社会建设的导向，以此为契机全面把握学习的方向。三是课堂教学与现场教学相结合。公共管理学科是一门实践性非常强的学科，长期以来学生对该专业缺乏认同的一个重要原因在于不了解实践。因此，结合人才培养方案中的实践实训环节的实施，创新采用现场教学与课堂教学相结合，将有助于提高学生的兴趣，也有利于学生对专业知识的认知与掌握。

### （二）加强对学生专业著作阅读的引导

公共管理学科的专业著作和期刊大体包括两类：一类是西方公共行政学的前沿经典著作，如中国人民大学出版社出版的《当代西方公共行政学

思想经典译丛》系列；一类是国内公共管理学科的重要专业学术著作，如中山大学行政管理研究中心（国家重点学科基地）政治与公共管理文库的系列丛书。三是国内具有一定影响力的学术期刊，如《公共行政评论》《公共管理》《中国非营利组织评论》等。公共行政学的经典著作能够帮助学生对学科进行梳理，把握公共管理学科的线索，专业学术著作在专业领域具有重要地位和较高声誉，在研究范式、研究方法、研究视角等方面有重要创新。当前公共管理专业的学生一方面仅满足于教材知识的掌握，另一方面花费大量时间用于英语考试与社会兼职。因此，有必要以班级为单位、以教学班为单位，采取主题教学、主题沙龙、主题辩论等多种方式组织学生研读这些经典著作，深化对学科专业理论知识的认知。

### （三）注重对本土案例资源的探究与解读

公共管理是一门实践性较强的交叉学科，内容涉及政治学、经济学、社会学与管理学的相关知识，而注重对本土案例的解读则有助于深化学生对公共管理学科的认知。就东莞而言，目前在公共管理领域涉及的案例包括公共安全、社区治理、城市文明、社会组织、基层社会治理、社会融合、社会保障、城市管理等多方面内容。而对这些案例的解读以及实地学习既有助于深化学生对学科知识的理解，同时也有助于培养学生观察社会问题的能力。因此，一方面可以以小组的形式组织学生参与案例的调研，以案例大赛的形式进行案例的收集整理与撰写，形成案例库供教学使用；另一方面，也可以以课题的形式组织师生参与课题调研，以丰富实践教学，还可以作为实训基地发挥其作用。同时，也可以以主题读书沙龙的形式结合经典著作阅读，强化学生运用专业知识对本土案例进行解读。

总之，法律与社会工作学院公共管理系的未来发展需要深深地根植于本土的改革实践，积极参与本土经济社会发展的实践，充分参与地方政策的制定、执行、评估；同时在公共管理的理论、方法、工具上勇于创新，与国内的大学、科研机构合作共赢，加强学术交流，培养适应地方经济社会发展的具有公共服务精神与创新精神的公共管理人才。

# 卓越法律人才的第二课堂建设研究

## ——以综合素质培养为导向

沈亚萍

随着我国高等教育由精英教育向大众化教育的不断推进，高等教育的质量问题逐渐成为社会公众关注的焦点。高等学校的根本任务是人才培养，如何提高人才培养质量是高等教育永恒的主题，人才培养质量高低同时也是关系到高等学校生存和发展的重大问题。《国家中长期教育改革和发展规划纲要》（2010—2020）明确提出了建设有特色高等学校、培养高素质拔尖创新人才的任务，同时指出："要提高学生的学习能力、实践能力、创新能力……开发活动课程，增强学生科学实验、生产实习和技能实训的成效。"我校作为一所地方高等院校，顺应教育部规划，逐步开展卓越人才培养，通过加大教育投入、改革现有课程体系、创新培养模式等手段，提高人才培养综合素质，为实现整体跨越式发展奠定坚实的基础。法律与社会工作学院于2014 年开办卓越法律人才班，以精英式小班教学为基础，实行双导师制和复合型课程教学体系，摸索一条卓越法律人才培养的新路径。

但是，单一的传统课堂教学体系并不能完全适应高校培养高素质拔尖创新型人才的需要，在第一课堂之外，必须建立和加强第二课堂教学体系建设。在全国高校高等教育发展越来越快、竞争越来越激烈的背景下，第二课堂作为高校人才综合素质培养不可或缺的重要环节，其教学模式和教学内容的研究也成为各高校重点关注的内容。对于卓越法律人才培养来说，通过第一课堂教学和第二课堂建设相结合，建立和完善科学有效的第二课堂教育体系，对加强学生实践能力和创新能力的培养、进一步提高学生专业素质和综合素质尤为重要。在三年多的时间里，法律与社会工作学院根据第二课堂建设规律，遵循实效性原则，通过一系列完整的实践活动，初步建立起一套行之有效的第二课堂课程教育体系，取得了明显的成效。

## 一、第二课堂人才培养体系建设应遵循的原则

### （一）第二课堂基本内涵分析

“第二课堂”在教学中被广泛使用，但是至今为止学术界尚未做出统一的概念界定。1983 年，我国教育家朱九思等在《高等学校管理》中首次使用了“第二课堂”的概念，书中指出第二课堂是在教学计划之外的，引导和组织学生开展的各种有意义的健康的课外活动，这个课堂的活动包括：政治性的、学术性的、知识性的、健身性的、娱乐性的、公益性的（或叫服务性的）、有酬性的活动等等。

通常认为，学生在学校期间呈现出三种状态：上课的状态、课外有组织的集体活动的状态和课外的个体自由支配的状态。第一种状态就是第一课堂，即学生在上课的状态下接受课程教育。第三种状态是在课外的个体自由支配的状态下，学生不自觉地接受校园文化环境的熏陶和浸染，属于一种隐性的生活教育。而第二课堂通常是指第二种状态：在课外的有组织的集体活动状态下，学生在学校的支持、教师的引导下，呈现出自主学习、自觉转化的面貌。相比于第一课堂，学校向后退一步，由教育行为的管理者变身为学生活动的支持者；教师向后退一步，由知识传授者变身为学生活动的引导者；学生则向前进一步，成为活动的中心和主角。相比于第三种自由状态，学生并非不自觉地接受熏染，而是积极呈现出自主的面貌；老师也并非完全消极放任，而是有意识引导；在发生的时间段上，也并不完全是在业余时间进行。因此，第二课堂是介于第一课堂和自由状态之间的一种由教师和学生共同搭建构造的自主学习平台。

### （二）第二课堂设置的必要性

在素质教育畅行、经济全球化发展的宏观背景下，社会对人才的需求也随之更加苛刻和严格，此时的第一课堂已经不能满足社会的实际需要和学生不断增长的知识和技能需求。高等学校作为人才培养的载体，主要是

向社会提供人才产品，而人才素质则是产品质量的根本标准。人才素质在结构上可以分为专业素质和综合素质。专业素质是指学科专业知识与专业技能，传授专业知识与技能，进行知识储备，培养和提升学生的专业素质，是作为专门化阶段的大学教育最重要的工作任务，这一任务从传统上看主要是通过第一课堂完成的。但是，除专业素质之外，学生整体综合素质在日后进入社会后也十分重要。对于综合素质的培养，单纯依靠第一课堂是远远不够的，必须在保证第一课堂设置相应综合素质培养的课程和内容的基础上，通过第二课堂人才培养体系来培育和完善更扎实的专业素养、团队精神、实践创新能力以及社会经验等综合素质。在保证第一课堂有效实施的情况下，第二课堂的优势日益彰显。

### （三）第二课堂的价值和优势

第一课堂传统上是学生接受系统专业知识技能的基本途径，高校对第一课堂的重视表现在严格的教学计划和教学课程的设置、优质师资和物质保障等方面。但对于第二课堂教育，虽然近年来引起研究和关注，也有普遍应用和实践，但是在很多方面无法和第一课堂的投入相提并论。然而对于学生综合素质的培养，第二课堂具有比第一课堂更独特明显的优势。所以，从价值论角度观察，高等学校第二课堂建设并不仅仅是第一课堂教育的陪衬，而应当具有和第一课堂同等重要的地位。

作为大学生第一课堂之外学习的自主平台，第二课堂在学习时间、学习方式、具体课程内容等方面都比第一课堂要更加灵活自由。在一个环境、氛围都相对轻松开放的情况下，学生可以更加注重关注自我学习兴趣和方向，设计更能体现个性发展的第二课堂，在和第一课堂课程相结合、共同平衡发展的背景下，更能实现综合素质的飞跃和提升。

## 二、卓越法律人才班第二课堂体系梳理和总结

经过三年多的实践，卓越法律人才班在第二课堂建设体系中进行了很多新的尝试，在教师引导下，按照第二课堂组织的基本原则，以拓展专业素质、培养综合素质为目标，充分发挥学生学习的积极性和主动性，开展了一系列知识性、趣味性和创新性并重的活动，取得了良好的效果。

## （一）法学专业素质的拓展

1. 法学经典读书报告会

为进一步提高学生阅读法律图书的热情，培养阅读兴趣，扩大知识积累，使读法以致用，法学经典读书报告会就成为第二课堂建设体系中最重要的一个内容。但是，读书会的内容和形式对读书会的效果至关重要，考虑到学生不同阶段的需求，对于读书报告会的设置，也采取由浅入深的主题阅读路径，大致分为三个阶段：

第一阶段：在大学一年级，读书会的主要目的是培养学生对法学的初步认知，了解身边与法律有关的政治、社会、经济现象，同时通过经典读本感知法律科学。因此，这一阶段以老师荐书为主，学生通过提交读书报告、开展面对面读书交流的形式进行阅读和归纳。这一阶段全班性的大型读书会有政治性公报理解：学习十八届四中全会公报读书会，分为三个环节，首先是分享“十八届四中全会公报”心得，以小组为单位，各抒己见。分别从“违宪审查”“终身负责制”“完善职业准入制度”等方面展开讨论。从多方面剖析了其特点，并且提出如何实施的方法论。其次进行问答环节，以小组为单位，进行互相答辩，展示法律专业的思辨性。最后是图书推荐，相互分享了自己喜欢的书籍。总之，法学作为一个社会科学重要学科，和政治密不可分。因此在注重专业学习的同时，教师也适当引导学生关心国家重大法治建设事件，通过分别组织学生开展十八届四中全会和十八届五中全会有关法治建设内容的学习，以加深对十八届五中全会精神的理解；同时就十八大精神发表演讲，引起师生的学术讨论热潮，努力实现学校与社会走在一起，与时俱进，开拓创新。

第二阶段：在大学二年级，学生已通过一年的学习，对法学基本理论、中外法制史、宪法与宪政基本理论有初步的了解和认识。在此基础上，引导学生阅读一些法学名家名著，有助于加强对课堂知识的理解，加深对法学学科的认知。在这一阶段，学生基本上要将著名法学专著书目熟记，并对其中部分进行深入的精读。同时要求阅读后要提交读后感和阅读交流心得，在提交论文的同时开展 PPT 专题报告会，互相进行观点碰撞和交流。

第三阶段：在大学三年级，这一阶段比较注意培养学生自我发现好书的能力。以学生推荐、老师审定为主的方式开展读书会活动。这种方式可以增强学生阅读的主动性和积极性，也能增强读书报告会的趣味性。甚至有时候学生发现的一些书籍是老师没有阅读过的，能够真正实现教学相长。

综上所述，读书报告会和读后感论文集是拓展第一课堂专业知识的重要手段，开展这一活动，可以至少实现以下两个方面的效果：

首先，转变学生只看教科书、只从课堂上获取知识的思维模式。中学阶段，大量学生阅读面和阅读量只围绕教材和课堂，而到了大学之后，如果仅仅局限于教材和课堂，远远无法满足社会的现实需要，也不可能培养成全方位的复合型人才。因此，学校通过读书报告会，转变学生只读教材课本的思维模式，将视野拓展到大量的课外经典阅读，在教科书和课堂之外获取更多更全面的新知识。

其次，强化学生的表达能力和写作能力。在第一课堂上，学生通常是被动的听众，而在读书报告会上，学生则成为主角，不仅要面对老师和同学阐述自己读书的心得体会，还必须在交流会后提交一篇书面读后感。学校通过这种方式，可以进一步强化学生的口头表达能力，同时提高写作水平。

2. 模拟法庭

模拟法庭一直被各法学院广泛采用，是法律实践性教学的重要方式。模拟法庭通过案情分析、角色划分、法律文书准备、预演、正式开庭等环节模拟刑事、民事、行政审判及仲裁的过程。法学教育不仅是单纯的知识传授和学术培养，而且是一种职业训练。而第二课堂开展模拟法庭训练，一方面可以培养学生法律职业思维，学生在准备上庭前，必须多方查阅资料，利用所学专业知识，提炼出自己的法律观点，这是一个典型的法律思维形成过程；另一方面，模拟法庭离不开书面司法文书，学生通过撰写模拟法庭剧本（包括起诉状、答辩状、代理书、辩护词等），不仅可以进一步训练法律逻辑思维能力，也可以极大地提升司法文书写作能力。此外，模拟法庭实战式的演绎可以充分培养和锻炼学生的语言表达能力和法庭应变能力。模拟法庭的目的就是培养日后在真正法庭之上的辩论艺术。无论是传统模拟法庭还是新近的模拟法庭比赛，学生在“法庭”上针锋相对的辩论阶段都是模拟法庭活动的重头戏。庭审陈述、辩论、总结阶段都需要学生通过口头表达来传达己方观点。综上，模拟法庭的教学活动以近似真实的环境，让学生将所学法律知识用于模拟审判中，一方面，在准备模拟法庭的全过程中，老师会指导学生如何从不同的角度（法官、律师、被告、原告、证人）换位思考问题；另一方面，在经历了完整的审判过程之后，学生通过亲身体验，对如何运用所学的法律知识解决实际问题有了初步的认知，达到学以致用的目的。

卓越法律人才教学模式中，模拟法庭略有改革。和传统模拟法庭不同的主要有两点：其一是按照诉讼类型不同定期举办模拟法庭。分别开展刑事诉讼和民事诉讼模拟法庭，和实体法知识相结合，有助于学生理解不同诉讼类型之间的异同，更好地学习有关法学专业知识。其二是注重模拟法庭的对抗性。通过选定适于法庭辩论的经典案例，编写扎实的模拟法庭剧本，将辩论赛与传统模拟法庭结合起来，使之产生更好的效果。由此，模拟法庭辩论赛融合了法庭辩论与普通辩论的特点，让辩论变得更有针对性、务实性，有利于引导广大同学关注现实社会的发展；同时，它还通过模拟庭审现场的形式将法庭审判工作中纷繁复杂的细节与艰涩难懂的学问呈现在同学们的眼前，为同学们提供了一个直观的学习平台和学术交流的机会。可以说，开展模拟法庭辩论赛，不仅能够拉近学术与实务的距离，让学术更有利于指导实务，而且还可以增强同学们学术探讨和实务研究的兴趣，并提高其理论应用能力；此外，有助于巩固提升校园文化育人水平，丰富师生课余生活，提高同学们的综合素质。

3. 开展专业知识竞赛

知识竞赛主要是指以知识问答、知识比拼为主要内容的活动。这种活动经过详细的方案策划，将本学期所学的法学专业知识形成丰富的题库，将学生分成若干竞赛小组，展开竞赛活动，胜利者可以得到物质和精神双重奖励，有助于激发学生的学习兴趣和热情。经过几届知识竞赛实践，我们发现这种形式是最直接有效促进学生学习课本专业知识的第二课堂活动之一。激烈的对抗竞赛现场、活泼生动的选题和回答，不仅可以促进广大学生掌握法律专业知识，增强法制观念，提高法律素质，而且对学生随机应变的快速反应能力也有非常好的锻炼效果。通过阶段性开展学业知识竞赛，学生将上学期所学专业课知识通过这种方式进行复习，温故而知新。学习就是一个不断重复的过程．教师通过举行学业知识竞赛的方式督促学生回归课本，在遗忘曲线上稳步前行，可以极大地促进专业知识学习能力的提升。

同时，由于组织一次知识竞赛是一个相对复杂完整的过程，需要团体协作共同策划与组织，在准备的过程中，对于学生组织能力、策划能力、团队合作能力、创新能力、资料收集能力的锻炼也有很大裨益。此外，知识竞赛特有的趣味性和激烈对抗性也有较强的可观赏性，通过举办一系列专业知识竞赛活动，不仅可以增加参与学生的专业知识储备，对于听众来说，也是一次学习法律知识的机会。不断开展的法学专业知识竞赛，通过不断的发展和完善以及大力的宣传，可以在学生中形成优良的口碑，促进良好学风进一步推行。

综上所述，在卓越法律人才培养过程中，学校通过定期开展专业知识竞赛活动，可以营造积极向上的校园文化，丰富同学们的课余生活，激发同学们对知识学习的热情，培养同学们的学习兴趣。

4. *新法律法规学习研讨会*

法学本身是理论与实践相结合的一门社会科学，随着社会政治经济文化的不断发展，作为规则集合的法律条文也会随之不断补充、修改和变化。每一年都会有一些新的司法解释和修订的法律出台，为了更好地掌握法律发展的趋势和动向，在卓越法律人才培养课程体系中，我们重点在第二课堂上开展新法律法规学习研讨会，在专业老师的指导下，学生以自我学习并进行公开汇报的形式，对一些变化很大、社会影响广泛深刻的法律法规进行学习，取得了非常好的学习效果。2015 年 3 月 15 日，第十二届全国人民代表大会第三次会议通过修订后的《中华人民共和国立法法》(简称《立法法》)。这是《立法法》实施 15 年来首次修改，成为我国立法史上新的里程碑，也是迈向良法之治的里程碑。但是由于原有的课程体系中并没有开设“立法法”这门课程，为顺应形势的发展，我们分别在第二课堂上邀请有关立法专家和立法实务工作者介绍中国立法发展的进程，通过系列报告会和学习研讨会的形式，要求学生分组对《立法法》重要内容进行学习汇报，在汇报结束后邀请专业老师来进行指导与解惑，加深印象，学以致用。

2016 年最新发布的物权法司法解释共 22 条，包含六个方面的重要问题，明确了程序、实体方面的某些模糊规定，完善了我国关于物权法的相关制度性设计。这也是对物权法学习非常重要的一个司法解释，由于颁布时物权法这门课程已经学习完毕，因此我们特地在第二课堂上邀请物权法老师指导。首先，同学们以分工合作的形式轮流介绍新司法解释的内容以及亮点，然后物权法老师予以分别评议，在相互交流中解惑答疑。

5. 法治大讲堂

大学是人才的培养基地，讲座则是大学生活中浓墨重彩的一道风景。丰富多彩的讲座对于繁荣校园文化、活跃学术气氛、鼓励理论研究和学术创新等，具有良好的促进作用。而对于人才培养和教育而言，在“通才教育”理念占据教育哲学主导地位的时代，讲座是其中不可忽视的培养和塑造手段。指导性讲座能给大学生以切实的人生指导，引导他们养成健康的生活方式。学术性讲座是大学生开阔知识视野、发掘学术兴趣和增强学术功底的第二通道，并能广泛涉猎各个学科领域，这对于优化学生的知识结构、提升他们的综合素质具有不可替代的作用。

法治大讲堂也是卓越法律人才培养第二课堂体系建设中非常重要的一个环节。高质量高水平的专业学术讲座会给学生带来和课堂教学完全不同的感受，因此，定期举办这类法治大讲堂，形成较为固定的制度化安排，成为卓越法律人才培养中的亮点。为培养卓越班学生的学术素养，我们积极聘请知名专家学者和精英法官举办专业学术讲座，让学生面对面听取各专家学者的学术成就，积极交流，拓展学生学术研究视野。

6. 以法学故事和法学论文为核心的班级期刊

定期创办班刊是培育良好班风、促成班级文化形成的一种重要手段。班级文化是一种精神文化，它不仅包括学生的课外学习生活，更重要的是体现在无形的精神层面上的认识，包括班级管理思想、良好班风、严谨学风等等。同时，班级文化作为一种教育文化，对学生的健康成长具有潜移默化的影响，对他们如何做人、做事、做学问起着“润物细无声”的作用。

良好的班级文化，对学生的一种熏陶和感染，能唤起它们对美好事物的追求，无论是在提高学生素质，还是在塑造学生人文品格上都能起到催化剂、助推器的作用。苏霍姆林斯基曾说过：“成功的教育应该使学生在没有意识到受教育的情况下却受到毕生难忘的教育，这种潜移默化过程中受到的教育往往具有滴水穿石的作用。”所以在推进素质教育的今天，高扬起班级文化的风帆，可使教师的教育教学活动达到事半功倍的效果。

班级工作中，学生始终是主人。一切班级活动都是学生智慧的显现，是学生自己的事，教师所起的作用是启发和引导。创办班刊，就是要让学生自己动脑筋提出方案、讨论、论证、实践、总结，自己承担成功的喜悦或失败的苦涩。在班级工作中努力营造民主、平等、和谐的气氛，充分发挥学生的主体作用，来培养学生的独立精神，逐步形成学生自我教育、自我管理的能力。

创办班刊，一方面可以反映班级朝气蓬勃、奋发向上的精神，记录点点滴滴、甜酸苦辣的学校生活，让学生人人有机会展示自己的风采，为学生提供一个自我管理、自我教育、自我升华的发展空间。另一方面，作为卓越人才培养计划的一个重要部分，班刊不仅承担形成班级文化的责任，更重要的是与专业知识相结合，成为拓宽专业视野、提高专业水平的重要载体。班刊在大一开始筹备，大二期间开始正式出版月刊。每一期组成由不同同学参加的编辑团队，全班同学可以投稿参与。刊物内容以法学故事和法学学习感悟及小型法学学术论文为主，既有很强的知识性，也有很强的实用性，同时通过精美的装帧设计和内容排版，不仅锻炼了同学们编辑组织能力，也极大地增强了刊物的趣味性和美观。

7. 编著学术论文集

卓越法律人才培养的核心目标和方向之一是培养专业知识精深的学术型人才，完成硕士阶段的学术训练。通过举办读书会、辩论赛、法学知识竞赛、模拟法庭以及出版班刊等活动，在第一课堂法学专业知识储备的基础上，老师对同学们提出具体要求和指导，要求每学期至少提交两篇学术论文，日积月累，从中挑选质量较好的论文成果编纂成书，公开出版发行。学校通过学术论文集的形式对同学们的学习成果予以巩固，既可以增强学生的学习热情和动力，对于指导老师来说，也是一个鼓励与促进。

8. 法院集中实习

利用寒暑假去法院等实习基地实习，是卓越法律人才培养实践课程体系中的重要一环。在大一学习阶段，教师组织学生集体参观东莞市第二人民法院，旁观民事案件庭审。活动目的：立足于实践，将课本中学到的知识与现实的司法状态紧紧地结合起来，实质意义上践行“读万卷书，走万里路”的箴言。在大二学习阶段，教师利用寒假时间，组织学生去东莞市第一人民法院进行为期一个月的岗位认知实习。通过集中实习，学生对基层法院运作有了初步认知，对于理论联系实际、从司法实践中理解法学理论有很大帮助。

## （二）综合素质的全面培养

除了和专业有关的第二课堂体系之外，在卓越法律人才培养的过程中，还设计一整套相关的活动促进学生综合素质的提升。

1. 辩论赛

辩论赛是法科学生传统的一项第二课堂活动，有利于学生逻辑思维能力的培养和流利语言表达能力的锻炼。尤其是以法学相关课题为题目的辩论赛，更能起到将理论与实践结合起来的作用。同时，现在辩论赛的形式都是团体活动，在这个过程中，也可以充分锻炼学生的团体合作能力。

因此，卓越法律人才从建班开始，每学期都要展开一次班级辩论赛，辩论赛分为初赛和决赛，要求全班同学都要参与。辩论赛从准备到初赛再到决赛，通常历时一个月，在这样有目标高强度的对抗性活动中，不仅有利于辩论能力和辩证思考能力的提升，更有利于团队合作沟通能力的形成和培养。

2. 不同专业之间的联谊会

2014 年 12 月 9 日，法学卓越班响应团日活动号召，与文学院人文科学实验班开展了学术交流会。这种交流会旨在互相了解不同专业之间的卓越人才培养之间的共同之处，在两个专业老师都参与的情况下，学生在专业介绍、课程内容设置、日常活动管理、学习纪律要求等方面进行沟通和交流。这类活动可以相互取长补短，增进不同专业之间的理解和沟通，对提升同学情谊、拓展知识面都有很好的效果。

3. 师生徒步活动

强壮的身体是学习和生活的基础。为加强学生身体素质锻炼、提高学生对健康锻炼的重视程度，通过组织师生徒步等活动，老师和学生一起参加运动，在这个过程中交流学习和生活，有利于师生之间的相互了解，加深师生感情。

4. 女生节、光棍节和特产大会等课外活动

这是比较有学生特色的班级内部活动。这类活动完全由学生自我组织、自发开展。虽然从表面上看课外活动和专业知识无关，但这类课外活动是第二课堂建设中不可或缺的一个组成部分，也是学生在相对枯燥理性

的专业学习之外能够获得较多乐趣的活动。同时，通过这种类型的活动，同学之间的感情在无形中得到加深，有利于学生群策群力、共同提高，对于形成一个积极乐观、团结向上的班集体有潜移默化的影响。

## 三、第二课堂体系建设中的问题与对策

综上所述，卓越法律人才培养课程体系中关于第二课堂的建设已经取得了有效的成果，积累了一定的经验，但高校第二课堂建设仍面临很多观念和物质保障等问题。

### （一）面临的问题

长期以来，由于观念落后，许多高校对于第二课堂的价值特点认识不足，使得第二课堂的育人功能未能得到完美发挥。主要表现有：首先，部分高校未能从人才培养的全局出发，着眼于人才素质的全面性和优质性来认识第二课堂的价值，其工作只以完成最基本的第一课堂专业课程教学为目标，对于锦上添花的第二课堂的素质培养则缺少追求的动力和理想。其次，在高校工作的全局中第二课堂边缘化严重，处于弱势的地位。许多高校在校园规划教学设施等硬件建设和使用中更多关注的是第一课堂教学的需要，在经费的投入、人员的配备、设施的完善、政策的制定等方面，第二课堂都处于弱势地位；加之部分高校办学条件有限，生均教育资源不足，在第二课堂不能与第一课堂争抢的客观形势下，第二课堂就成为可做可不做的良心活，处于实际上的被边缘化的境地。再次，个别高校由不重视第二课堂走向了另一个极端，对第二课堂的某些项目干预过多、管理过紧，限制了学生的自由发挥。总之，由于上述主观与客观的原因，许多高校对第二课堂缺少正确的设计与必要的经营，针对第二课堂的教育理念与体系建设的研究与实践也十分薄弱，使第二课堂实际上处于缺乏理性的低效状态。

### （二）对策：第二课堂体系的科学设计与运行

设计和经营第二课堂的想法是基于其现状而形成的，但是对于第二课

堂的设计和经营，必须恰当地处理好第一、第二两个误堂的关系，必须在第二课堂的管与放之间寻找到一个合适的平衡点。设计和经营第二课堂，既不是把第一课堂加强和延长，更不是对其放任不管，而是在充分尊重其特点和规律的前提下，使之能够规范“理性”有效地运行。设计第二课堂的理念是素质育化，经营第二课堂的目标是建立起与第一课堂的课程教学体系相匹配的第二课堂素质育化体系。第二课堂教学顺利实施的措施如下：

1. 制订规划，统筹安排两个课堂时间

转动课堂的实施，面对学生的课业负担增大，无暇顾及第二课堂活动这一现状，首先我们要让学生明白第二课堂的重要性，学校相关部门要加大宣传力度，使学生能够真正认同它、肯定它，这样实施起来才有意义和价值。之后学生会根据自身的情况有针对性地选择相关社团活动，使自己的时间得到充分利用。院系在安排第一课堂课程时，为避免给学生造成超乎年龄的负担，要坚持量度适中原则，并且使第二课堂内容能够和第一课堂有效衔接起来，这样，学生在新情境中不仅能学到新知识，而且能够巩固和强化第一课堂的知识，同时防止两个课堂的时间冲突。

2. 采取合理的教学方式

第二课堂较第一课堂的开展具有灵活易组织的优势，对此可以采取合理多样的教学方式。传统的课堂教学模式虽有利于发挥集体教育的作用，发挥教师的主导作用，但是并不利于学生主体性的发挥。学生在整个教学活动中是处于主体地位，学生是具有自觉能动性的发展中的人，所以教学方式必须符合学生的身心发展需要。根据活动任务的性质，学生的兴趣爱好以及活动的目的等，教师可以随着情境的变化制定合理的教学模式，比如自主学习模式、情境教学模式、活动课程教学模式等等。

3. 加强教师队伍建设

教师不仅要有坚实的专业知识，还要有广博的文化修养。教师的专业素质能够使学生在活动中学到系统而富有逻辑的知识，防止知识的碎片化和零散化，进一步提高学生的专业技能和实践能力。由于学生具有向师性，教师的一言一行都会对学生产生潜移默化的影响，所以教师必须具备广博的文化修养，在无形中将隐性的知识传递给学生。这也是遵循赫尔巴特“教育的教育性”原则的具体体现。

4. 制定严格的规章制度

正所谓“无规矩不成方圆”，为了保证学生能够正常有序地参加第二课堂活动，院系要积极制定《第二课堂规章制度》，明确规定活动的必要性和强制性。采取定性和定量相结合的评价方法，对于无故旷课者必须予以惩罚，取消评优评奖资格。同时对表现好的同学进行奖励，以起到标榜和示范的作用。奖励则通过两个方面进行：一方面是精神层次上的，另一方面则要落实到物质。只有将精神奖励和物质奖励融合起来，才能真正激发学生参与的热情和信心。

# 创新创业背景下运用案例教学提升本科生的五大基础能力

黄俊辉

**摘　要：**阅读理解能力、资料收集能力、理论联系实际能力、逻辑推理能力和语言表达能力是本科生创新创业的五大基础能力。在创新创业的背景下，案例教学法理应受到更多的重视，高校教师需要结合学生实际开展教学设计，提高案例教学的教学质量。高校教学改革将本科生在阅读理解、资料收集、理论联系实际、逻辑推理和语言表达这五大基础能力的提升融入案例教学实践当中，培养本科生创新创业的必备素质。

**关键词：**案例教学；创新创业；能力提升

2015 年 5 月，国务院办公厅印发的《关于深化高等学校创新创业教育改革的实施意见》明确要求："改革教学方法和考核方式。开展启发式、讨论式、参与式教学，扩大小班化教学覆盖面……注重培养学生的批判性和创造性思维，激发创新创业灵感。改革考试考核内容和方式，注重考查学生运用知识分析、解决问题的能力，探索非标准答案考试，破除'高分低能'积弊。"这是高校本科教学改革在创新创业背景下的新动向，除了给本科生开设专门的创新创业课程之外，还需要在非创新创业课程中注入创新创业基因或思维，通过教育教学方式改革，增强学生的创新精神、创业意识和创新创业能力，提升本科生创新创业的综合素质。在众多的教学方式当中，案例教学无疑是较有优势的一种方法。案例教学是以案例为基本素材而创设的一个特定情境，通过师生之间的多向互动，共同参与案例的分析、讨论、评价与寻找对策等工作，有助于培养学生的思维能力和创新能力[1]。已有研究也表明，案例教学有助于提高学生独立分析、沟通协调、资料查阅等能力，并检验理论知识的掌握程度[2]。在创新创业背景下，案例教学理应更关注本科生的五大基础能力，即阅读理解能力、资料收集能力、理论联系实际能力、逻辑推理能力和语言表达能力。然而，这五大基础能力的培养与提升被很多师生所忽略。

## 一、阅读理解能力

阅读理解能力是本科生在创新创业中最具基础性的能力，却被很多学生所忽视。不少本科生自认为经过多年的学习，已经具备很强的阅读理解能力。然而，当前的本科生都是手机族，面对手机的时间远远超过读书的时间，潜心研读经典著作的时间偏少，快速阅读能力和理解能力因为阅读量不大与阅读面不宽而逐渐下降。在互联网时代，新知识和新信息呈现出几何级规模增加，如何在信息海洋中汲取营养成分就显得特别重要。牛顿曾说过："我之所以比别人看得更远一些，那是因为我站在巨人的肩膀上。"乔布斯、马云等国内外创新创业的成功例子都离不开对前人研究成果的借鉴，创新精神和创业意识可以在大量的阅读过程中逐步生成。阅读理解能力无疑是本科生创新创业的基础能力。在案例分析中，学生需要深入阅读案例和相关材料，特别是在长案例阅读当中，学生能否理解其中的核心问题，并梳理出案例的关键之处就是阅读理解能力的体现。案例教学中的讨论题和思考题可以推动学生进一步阅读相关背景资料，不断地拓宽阅读面。如果任课教师在教学中积极采用案例教学法，学生将能获得更多案例阅读的机会，在阅读案例的过程中学会去粗取精、去伪存真、由表及里，透过表象抓本质，逐步提高阅读理解能力。

## 二、资料收集能力

信息经济学已经表明，完备的信息资料对于决策行为有重要影响；同样，成功的创新创业也离不开完备的信息资料，信息资料是否完备在很大程度上取决于资料收集能力。例如，创业者的资料收集能力越强，收集到的信息资料越完备，越有助于发现市场需求及其趋势；资料收集能力越弱，收集到的信息资料就越少，甚至容易出现错误，从而导致创业决策失败。对于本科生而言，就更需要收集完备的信息资料来弥补自身在社会阅历和工作经验方面的不足。

在案例教学当中，学生需要借助数据、资料论述自己的观点，而非凭空想象。能否收集充足的数据资料在很大程度上影响着学生观点的论述。为案例讨论的需要，学生需围绕案例进一步收集有关案例的各种资料，比如类似案例是如何解决的、案例反映的问题有哪些影响、其他地方是否发生了同样案例、国内外有哪些类似案例、案例发生的社会经济政治背景信息等等。这里所说的资料既包括各类文字资料，也包括各种数字资料；资料的收集既包括一手资料，也包括二手资料。这需要学生通过网络、报刊、书籍和实际调研中收集、检索相应的数据资料。当学生围绕案例收集的资料越多、越全面，那么就越有利于开阔学生的视野，让学生涉猎更多的知识，实现以案例的核心问题作为起点，以案例的前因后果为线索，以案例的全方位知识为平面，“点—线—面”地推进学生积累知识，拓展认知。在创新创业实践中，宽广的知识面无疑是一个必备条件。特别是在互联网时代，本科生是否具备相应的资料收集能力，在茫茫的信息海洋中寻找有用资料，就直接影响到创新创业决策的成败。

## 三、理论联系实际能力

在创新创业背景下，理论联系实际的能力并没有过时；相反，不少学生没有将理论运用于创业实践，犯了一些本可避免的错误。理论知识可以帮助我们解释、预测现象的发生及其变化，还可以减少创业创新实践中的错误与弯路。但从当前的情况来看，大部分本科生对理论知识的学习兴趣寥寥，没有认识到理论的重要性；相反，不少本科生因为理论知识过于抽象而产生厌学情绪，对理论知识的学习是浅尝辄止，没能深入理解理论的产生背景与具体指向，导致对理论知识的一知半解。在这样的情况下，理论知识的运用要么无从谈起，学生并没有具备理论联系实际的能力。如果是在创新创业实践当中，学生就会犯下一些本可避免的错误。在案例教学当中，学生需要将书本上的理论知识应用于案例分析当中，对于案例所反映的理论问题是 A 理论还是 B 理论，抑或是 C 理论，学生就需要基于案例材料的理解与分析，重新对理论知识进行回顾和学习，从而检验自己原来所学的理论知识是否牢固，从案例回应理论，再从理论反思案例，形成案例与理论的互动。这样，学生在案例教学当中既加深了理论知识的学习，又体会到理论对现实的指导意义，提高理论联系实际的能力。不过，还要看到在当前的案例讨论当中，部分学生更多的是停留在案例本身，缺乏理论联系实际的能力，案例讨论中的理论知识与案例问题是相分离的，这很值得广大高校教师注意。

## 四、逻辑推理能力

案例教学是培养学生分析决策能力的一种教学模式[3]，逻辑推理能力是决策分析能力中不可缺少的一部分。在创业实践中，学生需要对错综复杂的市场形势进行分析，如何将产品生产与市场需求契合到一起，就需要有充足的逻辑推理能力。如何在纷繁复杂的信息中归纳主要问题，如何将抽象的理论演绎于现实的个案分析，哪些案例之间可以进行类比等等，这些都有赖于学生的逻辑推理能力。

案例教学给学生提供一个问题情境，让学生尝试去分析和解决问题，在培养本科生分析问题、解决问题方面具有很大的帮助。案例本身及相应的思考题或讨论题最好具有一定的创新性和启发性，能激发学生的学习兴趣，并能引领学生深入案例情境进行分析，甚至是辩论，在这一过程当中，学生的逻辑推理能力能获得一个很好的锻炼机会。例如，依据某一理论进行演绎，或者根据众多数据资料进行归纳，又或者是对现象问题进行类比，学会由此及彼进行演绎推理。在案例分析当中，学生需要基于问题的背景和现状对问题产生的原因进行分析，当中不同的因素如何导致问题的产生，这就需要学生对各种现象和因素之间的因果逻辑关系进行推理，需要透过问题的症状与表象探析内在的因果关系，并将其中的逻辑关系进行条分缕析，特别是案例所反映的问题越复杂，对问题的逻辑推理能力要求也就越高。学生在案例教学当中逐步掌握分析资料的技巧，不断深化逻辑思维方式，并在解答问题的过程中培养自己的创造性思维和创新意识。

## 五、语言表达能力

不管是对产品、服务的宣传，还是对创新观点的陈述、交流，当中都离不开出色的语言表达能力，但部分本科生的语言表达能力并不强，甚至在课堂回答问题时都难以将自己的观点完整地表达出来，很多时候只是一些零散的语句，缺乏逻辑性和条理性。不少学生在陈述或论证自己的观点、提出对策建议时，不能在有限的时间内做到简明扼要、重点突出、条理清楚、论证充分[4]。更不容忽视的是，少数本科生还存在当众讲话的心理障碍，害怕自己讲得不好或讲错了被其他同学笑话，不愿意当众表达自己的观点，从而在课堂讨论中选择沉默，最终失去语言表达能力的锻炼机会。语言表达能力不强已成为本科生创新创业的障碍性因素。如何通过恰当的谈吐将自己的观点表达出来就是一种能力的体现。当教师与学生围绕案例共同进行探讨时，一种包容性的课堂氛围随即被创造出来；当学生针对案例内容进行观点陈述时，无疑就在课堂互动中获得语言表达的锻炼机会；如果任课教师能针对学生的语言表达能力进一步地指导或评价，让学生发现自身存在的不足，并有意识地在案例讨论中锻炼自己，那么就可以弥补语言表达这一短板。

由于传统知识观、师生观、教学观的影响，部分师生对案例教学及其课堂设计存在认知偏差[5]，导致案例教学遭遇学生主体地位不明显[6]、课堂互动效果不佳等困境[7]。在创新创业背景下，案例教学法理应受到更多的重视，高校教师需要结合学生的知识储备、案例的具体情境等方面进行教学设计，提高案例教学的教学质量，特别是将以上五大基础能力的提升作为案例教学的主要目标，融入案例教学实践当中。在当前高校教学改革当中，任课教师理应积极探索案例教学法的多种应用，提升本科生在阅读理解、资料收集、理论联系实际、逻辑推理和语言表达五大方面的基础能力，培养学生创新创业的必备素质。

**参考文献：**

[1] 左海云. 案例教学在普通高校教学中的运用 [J]. 中国成人教育，2007 (1)：113-114.

[2] 邓新明，左可榕，孙源婧. 工商管理专业案例教学质量学生满意度探讨——基于一项案例教学实践调查 [J]. 中国大学教学，2015 (1)：82-87.

[3] 王秀芝. 案例教学中需要研究的几个问题 [J]. 中国高等教育，2006 (12)：35-36.

[4] 郭忠兴．案例教学过程优化研究［J］．中国大学教学，2010（1）：59-61.

[5] 张新平，冯晓敏．重思案例教学的知识观、师生观与教学观［J］. 高等教育研究，2015（11）：64-68.

[6] 钟波兰．案例教学在实践运用中存在的问题与对策［J］．中国职业技术教育，2008（4）：31-33.

[7] 李运庆．浅析案例教学存在的问题及对策研究［J］．长春理工大学学报（社会科学版），2011（9）：133-135.

本文是东莞市哲学社会科学规划项目"'大众创业、万众创新'背景下东莞本土高校大学生创业意愿及其影响因素研究"（2016JY06）的部分研究成果。

# 关于“当代中国政治制度”课程的教学思考

黄海蓉

**摘　要**：“当代中国政治制度”是一门理论性、抽象性很强而实践性也很强的课程，调动学生的积极性是学好这门课程的关键。理论联系实际，增加西方政治制度的内容能进一步丰富教学内容，而引导学习关注时事，并采取案例教学法进行教学，可以让学生直观地了解政治制度。

**关键词**：政治制度；课程；教学方法

“当代中国政治制度”这门课是我校行政管理专业的一门专业选修课，是旨在培养大学生正确地认知当代中国的政治架构、更加全面地认识中国国情的一门常识性的课程。从功利的角度来说，该课程无助于学生找工作，也无助于学生考研深造，所以很多同学对该课程的学习缺乏积极性和主动性。但对行政管理专业的学生来说，该门课程是学好其他相关专业课程的基础，同时，学好这门课程对加深大学生对中国国情的认识，培养大学生的社会责任感和人文素养具有十分重要的作用，因此必须开好学好该课程。

笔者在教学过程中，不断丰富教学内容，摸索和创新教学方法，并不断反思，在明确教学目的和了解课程特点的基础上，学习他人的教学经验。主要采取以下方法调动学生学习积极性，完成教学任务，实现教学目标。

## 一、丰富教学内容

如果严格按照现有的教材的话，“当代中国政治制度”这门课程的教学内容包括人民代表大会制度、选举制度、行政制度、中国共产党领导的多党合作和政治协商制度、国家元首制度、司法制度、国家与社会等等。如果单纯依照教材来讲授和学习，主要向学生讲授这些制度是什么、制度的演变过程、各种制度的运行规则等，理论性非常强，内容十分枯燥。因此，为了调动学生学习的积极性，必须丰富教学内容。

### （一）坚持理论联系实际

纯理论的教学内容，虽然向学生灌输了理论知识，但学生不容易接受，课堂学习效果差。政治制度的学习并不是纯理论的灌输，而是理论与实际相结合的过程。理论联系实际，不仅让理论知识更加直观，学生的学习积极性也大为增强。比如人大制度这一章的学习可以联系全国和地方两会，政党制度这一章可以联系党的全国代表大会、党的中央全会和中央组织、地方及基层党组织等，选举制度这一章可以联系市和镇人大代表选举，司法制度这一章可以联系典型的司法案例等等。这样的学习，让学生体会到政治制度不是高高在上的枯燥的理论，而是活生生地存在于我们的生活之中。

### （二）进行中西政治制度对比

党中央明确指出，要坚定道路自信、理论自信和制度自信。中国的基本政治制度是在中国的土壤里建立和成长的，也是适合中国国情的，照搬照抄西方国家的政治制度是不可取的。中西政治制度的可比性，在某些方面不那么明显，但在另一方面的可比性却很强。比如，在国家权力的架构、运作方式和运作流程上，中西方政治制度的可比性不那么显而易见；而在政治制度的功能、产出和绩效上，二者可比性就很强。又如，体现统治职能的主要政治制度和基本政治制度，中西方的可比性就不明显；而体现管理职能的体制和机制层面的政治制度，中西方的可比性就相当强。而且，西方主要国家的政治制度及其运行规则非常成熟。因此，在讲授中国政治制度的同时，引入西方国家的政治制度，不仅丰富了教学内容，也让学生开阔了视野，大大增强了学习兴趣。

例如：在学习人民代表大会的职权这一内容时，增加西方国家议会的监督权（主要是倒阁权和弹劾权）；在学习选举制度时，增加西方国家议员的选举制度；在学习司法制度时，增加西方国家的司法审查制度、陪审团制度、司法独立等内容；在学习国家元首制度时，除了介绍我国的国家元首外，还给同学们介绍英国王室和日本皇室；等等。通过增加西方国家的政治制度，并进行中外政治制度对比，学生不仅对中国政治制度有了深入的了解，更对西方国家的政治制度有了一定的认识。

## 二、创新教学方法

### （一）引导学生关注时事

政治制度不仅仅是写在纸上，而是活生生地存在于我们周围，学生在学习这门课程的过程中，也会有许多与政治制度相关的时事发生，因此，教师非常有必要引导学生关注时事，用时事来巩固理论知识的学习。比如，每年一次的全国和地方两会就在学生学习这门课期间召开，教师引导学生关注两会，从两会的议程、代表委员的提案、两会热点到总理的答记者问等，学生全面了解，并选取其中自己感兴趣的内容进行深入关注，有些同学甚至找到了自己研究的兴趣点，把它作为课题来研究。再如，我国的党的代表大会的召开、人大代表选举、西方国家的总统选举、议员选举、议会活动等等，都可能是学习这门课程期间的时事，引导学生关注，让学生更直观地掌握这些政治制度。

### （二）案例教学法

案例教学法是把与政治制度相关的真实情景加以典型化处理，形成供学生思考分析的案例，通过独立研究和相互讨论的方式，引导学生用政治术语进行案例分析。这样，可以提高学生对政治制度的认识，也能提高学生分析问题和解决问题的能力。如教师在讲授弹劾制度时，可以通过美国三任总统的弹劾以及韩国总统弹劾作为案例；在讲授司法审查制度时，马伯里诉麦迪逊案、孙志刚案可以作为案例；在讲授陪审团制度时，辛普森案可以作为案例；等等。

# 关于大学考勤制度的思考

刘小年

**摘　要**：考勤是维护大学课堂教学秩序的一项纪律，对高等教育有一定的价值，但会与大学生的自主性构成一定的冲突。如何科学建构考勤制度，掌握其中的度，可以从大学生的成长规律角度进行探讨。

**关键词**：大学教育；大学生；考勤

任何单位的正常运转都离不开一定的纪律。对大学来讲，一项基本的纪律就是考勤。但在当下国内大学教育中，考勤的地位却有些尴尬。学生有些抵触、教师在实施上也感到有一定的难度。因此，如何实施考勤，达到维护教育秩序、服务学生成才的目的，是一个值得研究的课题。拙文拟从大学考勤制度的价值、矛盾与对策等方面探讨。

## 一、大学考勤制度的价值

大学考勤制度的价值大致有三方面：

一是有利于引导大学生树立纪律观念。由于人的生活是一种社会生活，要经常与其他人互动，要在各种组织中生活，因此，离不开各种各样的社会规范。对单位来讲，就是有各种规章制度，也即纪律。就大学来讲，课堂教育是必要环节，是师生互动的场域，需要纪律来维护，其中一条就是考勤，即要求学生按时上下课。而大学生通过学校纪律的约束，就会潜移默化地形成守规矩的意识，对于大学生毕业后适应社会都是有价值的。

二是有利于形成一定的教学秩序。大学教育是大学老师与大学生的互动，互动要有效率、要有序展开。因此，考勤，保证学生按时上下课，就是一种必要的维护秩序的工具。试想，如果老师上课，学生进进出出，有的来，有的不来，甚至多数人不来，既会影响认真学习的学生，也会影响老师的教学情绪，老师甚至要打断正常教学进程抽出时间管理学生，对教学进度带来负面影响，这样就难以保障正常的教学活动的开展。

三是有利于提升教学效率与质量。大学生按时来上课，老师可以按进度上课；同时也可以保障师生互动的正常情绪，在总体上有利于提升教学效率与教学质量。因为教育活动作为一项事业，需要师生投入时间、激情与智慧。而通过考勤形成的良好的教学纪律与秩序，可以保障教学时间、激发教学正能量、进行脑力交流与知识碰撞，在效率提升的同时也提高了教学质量。

## 二、大学考勤制度的矛盾

考勤制度是相对固定的，而执行考勤的人的活动则相对开放，另外，考勤执行者与被执行者之间的认识、利益等都存在差异，因而不可避免地存在矛盾。就大学考勤的实践来看，主要存在以下矛盾：

一是大学生学习与其他生活计划的冲突，造成考勤严与松的矛盾。大学生虽然是学生，应以学习为主，但也要兼学别样，特别是为了适应社会，需要培养能力，参加较多的课外活动。这些活动都需要时间，因此，会对固定安排的教学时间构成挑战。反映在考勤上，如果照顾学生需要，就存在要放松考勤的问题。

二是大学生自主性培养与受约束的冲突，导致考勤执行上老师与学生的矛盾。大学的任务是培养有创新能力的劳动者，因此，对大学生培养自主性、获得创新发展是核心目标。这种自主性的形成，要求学生自主安排自己的学习、生活与社会交往及其他实践活动，这也与学校管理层的自主安排教学形成一定的冲突。作为维护学校管理层意志的考勤制度，在执行时，就会发生老师与学生的冲突。

三是大学师生的个性与考勤制度的规范性的矛盾。考勤制度，一般会以成文的形式建构，具有固定的内容与形式。而执行这种制度的大学生与老师，却是具体的个体，有自己的个性，因而会产生考勤制度实施上一般与个别的问题。具体来看，师生的个性会影响考勤制度实施的主体态度与具体形式，进而制约其效果。

## 三、大学考勤制度的变革的建议

大学考勤制度有一定的价值，又在实践中面临一定的矛盾，因此，需要变革相关制度，来追求其正面价值与避免负面影响。具体来说，有以下建议：

一是完善制度，将考勤与其他制度配套。如考虑大学生生活的多样性与大学事务的繁杂性，将考勤制度与请假制度结合，将教学与其他活动更好地统筹安排，减少冲突，以保障考勤制度能有效执行。

二是从师生合作的角度，完善考勤执行机制。执行要有艺术，不能像中小学一样、像传统教育一样，老师高高在上的、以威严的执法者形象出现，而是要以合作者与以共同维护教学秩序、促进学生发展的目标来实施。晓之以理、动之以情，以形成主动配合老师执行考勤制度的氛围。

三是创新考勤制度执行方式，体现师生个性。如可应用先进技术，用扫描等自动技术考勤，省去考勤时间，也减少执行纪律时师生面对面的冲突；又如，可调动学生的积极性，尊重学生的自主性，让学生干部来实施考勤；再如，老师可以运用课堂参与统计的方式，达到不动声色考勤的效果；等等。另外，对于考勤纪律好的班级，可以减少考勤频率；对于严格遵守纪律的学生，可以少点其名。当然也可召开考勤主题班会，引导学生配合考勤。等等。

**参考文献：**

［1］高校课堂试行刷卡考勤［J］. 广西教育，2017（4）：25.

［2］唐文浩. 安徽财经大学大学生“隐形逃课”状况的调查统计分析［J］. 读天下，2016（23）：144+188.

［3］果莉，严士超，房俊龙，等. 构建实验室管理考勤系统模式的研究［J］. 教育教学论坛，2016（34）：264-265.

［4］王黛碧. 从课堂指纹考勤与手机收纳管理探析高职院校学风建设［J］. 现代职业教育，2016（25）：18-19.

［5］陈星宇，张春勇. 大学生对上课出勤严格考核的态度调查——基

于云南农业大学的调查分析［J］．云南农业大学学报（社会科学），2016（4）：80-84.

［6］张胜海，张晓旭，王素红．大学物理实验课程考核方法探索与实践［J］．教育现代化，2016（4）：29-31.

# 英国法学本科课程设置的探寻和启示

罗兆婧

英国的法律教育早在公元12世纪便已出现。早期的法学教育主要由大学和法律协会构成，重视法律实践，主要以培养职业法律人才为目的。从18世纪开始，大学逐渐成为法学教育的主要模式。英国高等教育质量保证署[①]于2007年重新修订了法律《学科基准声明》，对高等院校的法律本科教育的课程提出基准要求，设定了法学本科毕业生应当具备的专业素养和能力要求[②]。英国的法学教育不但具有丰富的教学和管理经验，而且形成了一套卓有成效的现代法学教育制度。

英国格拉斯哥大学和伦敦大学玛丽皇后学院都是英国罗素大学集团成员[③]。格拉斯哥大学的法学院建立于1713年，至今已有300年的历史。两所大学在法学专业的教学和研究上都达到杰出的水平并具有各自的特点，吸引着来自世界各地的求学者和研究者。

## 一、英国格拉斯哥大学的课程设置

本文中主要以四年学制的课程设置作为比较和分析对象。

### （一）课程整体设置

格拉斯哥大学鼓励学生在本科学习期间，对自己的未来工作或发展方

---

① Quality Assurance Agency in Higher Education，简称QAA。

② Quality Assurance Agency for Higher Education 2007 for Law，见http：//www.qaa.ac.uk/Publications/InformationAndGuidance/Documents/Law07.pdf.

③ 罗素大学集团（The Russell Group）成立于1994年，由英国顶尖的24所研究型大学组成，该联盟被称为是英国的“常春藤联盟”。格拉斯哥大学是罗素大学集团创始的二十名成员大学之一，而伦敦大学玛丽学院是2012年新增的四所大学之一。

向有一个合理的预期和安排，因此在课程整体安排上，包括六种不同的途径[①]：事务律师从业课程安排、出庭律师从业课程安排、具有海外经历的事务律师从业课程安排、具有海外经历的辩护律师从业课程安排、非法律从业目的课程安排和具有海外经历的非法律从业目的课程安排。

首先，英国的律师职业包括事务律师和出庭律师两类。事务律师传统上主要担任包括诉讼在内的所有法律事项，但如果在高级法院及以上的法院出庭时，必须另外延请出庭律师。出庭律师主要担任在高级法院及以上的法律的诉讼业务[②]。前两项课程设置主要是从学生以后进入法律职业所可能承担的业务的区别出发，针对不同的需求，在课程设置以及选课上给予充分的灵活性。由于事务律师与出庭律师的职责逐渐出现融合的趋势，课程设置上也日益趋同。目前仅存在“罗马法的财产与债务”和“国际私法”两门必修课上的区别。

其次，格拉斯哥大学鼓励学生在学习期间，参与国际交流和交换项目，扩大视野和知识面[③]。为此，在课程设置上，明确指出当学生在第三年参与国际交流和交换时学分的转换情况。要求学生修满本校法学院所接受的120学分，其中至少包括两门三年级学生应当修习的类似课程[④]。这类课程设置上的安排，能够给学生确切的指引，让学生从入学起就能够对未来的计划有清晰的预见和认识，从而更有效率地规划自己的本科生涯。

最后，格拉斯哥大学认识到，虽然绝大部分进入法律本科专业学习的学生的目标是成为律师或从事法律专业的工作，但依旧有部分学生毕业以后并不一定能够从事本专业的工作，甚至有些学生选择法学专业，并不是为了以后从事法律职业。因此，在课程设置上，针对具有非法律从业目的的学生，根据他们的兴趣与需求，提供了更多的课程选择余地。除了五门核心必修课程外，其他课程都允许在一定范围内选修，只要满足了本科学

① 见：http：//www. gla. ac. uk/schools/law/llbdegreeinformation/llblawordinaryhonours/

② 英格兰和苏格兰存在不同的法律体系，但在事务律师和出庭律师的分工上基本一致，只是英格兰多称为“solicitor”和“barrister”，苏格兰多称为“solicitor”和“advocate”。近些年来，事务律师和出庭律师的界限变得模糊，出现了一种被称为“solicitor advocate”的律师，其职责从事务律师的范围已经扩展到承担出庭律师的责任，可以出席任何级别法院的诉讼。

③ 目前，65%的法学本科荣誉学生获得第三年在外国进行全期或半期学习，暑期学习或其他学术活动的机会。见：http：//www. gla. ac. uk/undergraduate/degrees/law/

④ 见：http://www. gla. ac. uk/schools/law/llbdegreeinformation/llblawordinaryhonours/pathway3professionaldegreesolicitorwithstudyoverseas/.

习的学分标准。

## （二）学年课程设置

格拉斯哥大学法学本科专业第一、第二年的课程主要以必修课程为主，平均每学年包括5~6门课程，例如，第一年的法学学习介绍、宪法、家庭法、刑法和证据、罗马法的财产与债务，和第二年的法与政府、法理学、法律职业和法律伦理、财产法、欧盟法等，并允许学习1~2门的选修课。第三年课程设置以必修和选修课程并重为主要特征，需要修习商法、商业组织和国际私法等必修课程，以及另外四门选修课，其中两门必须在三年级学生应当进行的专业选修课中选择。第四年的任务主要以论文为主，包括三篇字数要求较少的荣誉论文和一篇毕业论文①。

从学年课程的设置来看，学生在第一、二年完成了主要核心专业课程的学习以后，第三年可以根据自身的兴趣和意愿，集中选择和修习某些内容或某些方面的法律课程，包括商法、竞争法、知识产权法、刑法和国际法等相关课程②。这种设置方式使学生对自己以后的发展方向有了更为明确的目标，不但保证了基础法律课程的学习，也加深了其所拥有的专业法律知识，使学生在毕业后的择业时，能够更具有针对性和竞争力。

## （三）跨专业课程设置

格拉斯哥大学提供了多种跨专业双学位课程选择，在修习法学时，可同时选择商业经济（Business Economics）、商业管理（Business Management）、经济学（Economics）、经济与社会历史（Economic & Social History）、英国文学（English Literature）、盖尔语（Gaelic）、历史（History）、哲学（Philosophy）和政治（Politics）专业。为了支持学生在第三年参加国际交流和学习，学校还同时开设了法语、德语、意大利语和西班牙语及其法律知识的课程。通过对不同国家的语言和法律制度内容的学习，学生可以在本科阶段拥有开阔的视野、丰富的知识和经验，熟悉跨国的语言和法律，为毕业后的工作和学习提供了更多的机会。

---

① 荣誉论文，原文“Honour Paper”，主要是指获得荣誉法学学士学位必须完成三篇相对于毕业论文来说字数要求较少的专业论文。

② 这些课程是格拉斯哥法学院相对具有较强的教学、研究实力和优势的专业方向。

## 二、英国伦敦大学玛丽皇后学院的课程设置

英格兰地区的大学采取三年学制，即学生通过三年的学习将获得法学本科学位。对于英国伦敦大学玛丽皇后学院的课程设置的探察和分析，主要着眼于必修和选修课程以及每学年课程量的安排上。

### （一）课程整体设置

伦敦大学玛丽皇后学院的法学本科三年内所有必修课程和可供选择的选修课程总共有 32 门。必修课程包括：公法、合同法要素、土地法、刑法、欧盟法、行政法、侵权法、衡平与信托、法理学与法律理论。选修课程包括：商业与消费者法、公司法、比较法、亚洲与非洲法律体系、欧洲比较法、犯罪学、学位论文、文化多样化与法律、家庭法、知识产权、国际商事交易、国际环境法、国际人权、劳工法、法律与医学伦理学、证据法、法律与现代性与大屠杀[①]、媒体法、现代法律史、国际公法、税法、英国人权法、国际法中的暴力使用、欧洲比较法之欧洲法律系统、比较法之欧洲一体化、民主与公平、法律与文学之法律基础、法律与文学之危机中的公平、法与公平与伦理。

若有人希望获得英格兰的律师资格，他需要完成三个阶段的内容[②]。第一阶段必须获得一个英国或其他普通法系国家的法律本科学位（LLB，Bachelor of Law）。如果没有相应的法律本科学位，申请人则必须参加为期一年的法律研究课程（GDL，Graduate Diploma in Law）。主要包括七门：合同法、侵权法、宪法和行政法、衡平与信托法、欧盟法、土地法和刑法[③]。课程是由律师协会所认可的专门的法律职业培训机构提供的。

从这个阶段的两种不同完成方式来看，GDL 的课程设置与英国法学本

---

① Law, Modernity and the Holocaust.

② 第二阶段，需要完成为期一年的律师协会认可的法律实践课程，其中包括目标为事务律师的 LPC（Legal Practice Course）课程和目标为出庭律师的 BVC（Bar vocational Course）课程。第三阶段还必须获得并完成在一家律师事务所的两年实习合同。

③ 一年为全职课程（Full-time course），若希望兼职学习则需完成两年的兼职课程（Part-time course）。

科的必修课程安排基本重合。这是因为英国大学的法学本科课程设置一般要获得律师协会和大律师公会的认可，提供其所要求的必修课程。本科毕业生因此能具备从事法律职业所需的基本法律知识，从而顺利进入第二阶段。由此可见，英格兰本科的必修课程的设置与其法律职业资格获得存在密切的联系①。或者说，法学本科的教育是以培养专业律师作为其基本目标。

在选修课程的提供上，大学享有比必修课程更多的广泛性和自主性。伦敦大学玛丽皇后学院从二年级开始，增设一或两门选修课程。而第三学年除一门必修课程外，其他均为选修课程。选修课程按大类来看，主要倾向于法律通识课程、商法和人权法课程，同时也是该大学的优势方向。学生在大学申请时，也会着重考虑一学校在法学方面的主要教学和研究趋势，从而为将来的发展方向奠定基础。

伦敦大学玛丽皇后学院的结课方式以考试为主，但部分选修课在评分时可包括授课表现的计分。毕业论文并不是必须完成的部分，而是作为第三年的一项选修课程。选择论文作为其中一门选修课，则是以研究和撰写法学论文的方式代替一门授课课程。

### （二）学年课程设置

伦敦大学玛丽皇后学院的学年课程设置如下：

| 学　年 | 必修课程 | 选修课程 |
| --- | --- | --- |
| 第一学年 | 公法、合同法<br>土地法、刑法 | — |
| 第二学年 | 欧盟法、行政法②<br>侵权法、衡平与信托 | 一门全期课程或<br>两门半期课程 |
| 第三学年 | 法理学和法律理论 | 三门全期课程 或<br>等额全期/半期课程 |

① 苏格兰在法律资格获得上也基本采取了同样的模式。

② 欧盟法和行政法是半期的必修课程，其他必修课程为全期课程。

从课程的学时上来看，可以分为全期课程和半期课程[①]。其中仅有少量的课程为半期课程[②]。两门半期课程可以折抵一门全期课程。从每一学年的课程设置来看，同一时间进行的课程一般为四门全期课程或等同于四门全期课程的混合课程。

英国大学每门课程一般每周一次授课，每次为两小时。由此看来，每周的授课学时仅为8小时，对于一个全职学生来说，误程时间似乎过于轻松，但实际情况并不如此。本科课程是以讲授方式为主，因此每周除每门课的两小时讲授时间外，每周平均还有一小时由助教组织、以小组形式进行的辅导课，通过小组讨论的方式参与对课堂以及相关知识的讨论和疑惑的解析。因此，本科学生在学习期间与教学人员的面对面沟通至少达到每周12小时。同时学生还可以与学生顾问联系，以获得学业或学业外的更多支持。

学生还有更多的任务。本科的学习除了教师的讲授和指导外，更多的内容需要学生独立学习。英国是普通法系国家，在法学教育上也更多地采取了案例教学的方式。教师在课堂上只能对诸多案例进行重点的分析和点评，更多的功课需要学生在课后完成。一般每一小时的课堂时间，学生将要承担2~3小时的课后独立任务，需要阅读老师提出的参考书目和文献、完成个人课后作业，提交小组课程项目报告和参与正式的学习讨论会等。根据学院统计的结果，学生一般课后独立学习至少需要每周28小时[③]。

根据上述资料与数据，虽然每学年单一时期的课程数量不多，但学生所需要承担的学习任务仍然不轻，而且更多提倡的是独立自主的学习习惯。伦敦大学玛丽皇后学院在法学本科课程设置时，采取的是一种“食不厌精”的课程标准。课程数量较少，课程学时不多，但通过讲授、辅导、课后自学等多种形式，尽量使学生采取一种积极的主动学习态度，能够形成对一门课程深入和细致的理解和思考。

---

① 英国大学每一学年分为三个学期。贯穿三个学期的课程为全期课程（full-module），一到两个学期完成的课程为半期课程（half-module）。

② 包括必修课程中的欧盟法和行政法，选修课程中的欧洲比较法之欧洲法律系统、比较法之欧洲一体化、民主与公平、法律与文学之法律基础、法律与文学之危机中的公平、法与公平与伦理，犯罪学也可以半期课程方式进行。

③ www. law. qmul. ac. uk/undergraduate/courses/items/118482. html#fourth

## 三、我国法学本科课程设置的趋势

《中华人民共和国高等教育法》第十六条提出，学生经过本科教育，应当具有基本知识、基本技能和工作研究三方面的能力①。但是自20世纪70年代末恢复大学教育以来，我国法学本科课程就较多地偏向于本学科的全科理论法学教育。教学中，教师常常以理论教学为核心，重点讲授理论知识，即使授课中涉及案例分析，也居多围绕相关理论展开，强调专业知识性教育。当前，教育部也认识到以往的本科教育模式相对比较单一，知识与实践脱节，从而提出了卓越法律人才的培养计划，特别强调要培养"应用型、复合型法律职业人才"②。该项计划建议"坚持厚基础、宽口径，强化学生法律职业伦理教育、强化学生法律实务技能培养，提高学生运用法学与其他学科知识方法解决实际法律问题的能力，促进法学教育与法律职业的深度衔接"③。

通过上述对英国格拉斯哥大学和伦敦大学玛丽学院的法学本科课程设置的分析，英国法学本科课程设置可以体现在三个重点方面：基础与专业并重、教学与自学并重、知识性与实践能力并重。这也是我国法学本科课程设置的发展趋势。

### （一）基础知识与专业方向并重

格拉斯哥大学和伦敦大学玛丽学院在课程设置上都采取了必修课程和选修课程相结合的模式，并且第三年的学习以选修课程为主。在遵循律师协会对专业基础知识的要求的前提下，各校不断扩展法律通识知识和法律专业方向课程的选择。选修课程在整个法学本科教育中占有将近三分之一的分量。学生可以集中精力致力于更有兴趣的专业方向，获得某一方面更

---

① 《中华人民共和国高等教育法》第十六条规定，本科教育应当使学生比较系统地掌握本学科、专业必需的基础理论、基本知识，掌握本专业必要的基本技能、方法和相关知识，具有从事本专业实际工作和研究工作的初步能力。

② 见教育部、中央政法委员会《关于实施卓越法律人才教育培养计划的若干意见》（教高〔2011〕10号）。下文简称《培养计划》。

③ 见《培养计划》第二项第一款。

为深入的学习机会，并为毕业后的工作规划打下坚实的基础。

我国法学本科课程也主要由必修课和选修课构成，但总体上是以必修课为主。教育部高等学校法学学科教育指导委员会确立了十六门核心课程，包括：法理学、中国法制史、宪法、行政法与行政诉讼法、刑法、刑事诉讼法、民法、民事诉讼法、经济法、商法、知识产权法、国际法、国际私法、国际经济法、环境资源法、劳动与社会保障法[①]。除了以上专业必修课程，绝大多数本科课程还包括一定数量作为通识教育的公共必修课。这两部分必修课程，对于本科学生，特别是法学专业的本科学生，主要是专业基础知识的教育，一般占据了法学本科课程的半数以上。

选修课一般也包括两个方面的内容：以通识教育为基础的公共选修课和专业内的选修课。除了部分法学专业排名在前的大学，拥有丰富的资源和师资力量能够充分地开展专业选修课程，许多法学本科的专业选修课程极为有限。一方面存在专业资源限制的现实，无法广泛地开展各种选修课；另一方面也是由于学生的学习时间大量地被必修课所占据，可供选修课程的时间不多。以必修课为核心的法学本科教育，大多数的学生在知识结构上存在雷同的现象。其无法引导学生的兴趣，选择自己更擅长或更有兴趣的专业方向，加深对具体法律知识的学习和探讨；同时，也无法满足毕业后的各类工作所需的多方面、具有针对性的人才要求，不利于学生的就业或深造。

为了实现基础知识和专业方向并重，法学本科的必修课程应当适当减少，保留更为基础的核心专业课程，如宪法、法理学、民法、刑法、行政法和相关诉讼法学以外，将其他法学课程均纳入专业选修课的范畴。同时，在本科第三、第四年，以一定方向的专业选修课程为主，鼓励学生进行自由组合，选择自己有兴趣，或符合将来期望从事的工作的课程[②]。

同时，法学不是一门孤立的学科，而与其他学科有着密切的联系。学科知识之间的碰撞和交融，能够帮助学生形成更为全面和深入的知识结构，也能培养具有独特和创新的思维模式。例如，商法方向的本科学生，

① 中华人民共和国教育部高等教育司：《普通高等学校本科专业目录和专业介绍（2012年）》，高等教育出版社2012年版，第67页。

② 通过实施有效的专业选修课程，也可以使学生分散，将我国大学常见的人数众多的“大课堂”讲座式学习转变为“小课堂”互动式学习。

可以增加经济学、会计学、商业管理或税务方面的商科课程；国际法或国际经济法方向的本科学生，可以增加国际关系学等方面的政治学课程；知识产权法方向的本科学生，可以涉及一些技术科学方面的课程。这些跨学科课程的学习，不应当仅是以“公共选修课”的形式进行，更应推动学院间基础课程的直接修习。鼓励学生跨学科选课，本科课程设置时就应当建立完善的学分互换机制，并且对于学生的选课意愿给予适当的指导和建议。学分互换的机制不仅是法学与其他学科的单向互换，更应该形成各学科的多向互换。

## （二）教学能力与自学能力并重

大学本科教育应当是教与学的双轨结合。英国大学以案例教授法为基础的教学方式对学生的独立自学能力提出更高的要求。英国大学在课程设置上都注重保留给学生足够的自主学习时间和空间，并施以适当的任务和途径以促使自学能力的发展。其目的是最终使学生能够达到在法律专业知识、专业知识的运用和解决问题、资料搜集和研究、分析、综合推理、批评性的判断和评价、自主学习能力、交流与表达、统计能力、信息技术和团队合作等方面的特定要求①。

我国目前法学本科课程的教学方式注重讲授式教学，以教师为主导；教学内容以知识点为核心，强调基础知识的掌握。学生无论是在课堂上还是课外，大都处于被动的情况，知识以教材或考点为限，学习以倾听背诵为主，缺乏主动性思考和互动性学习。

首先，法学本科教育不但要重视知识内容的传授，也要重视思维方法的培养。其中，特别需要强调方法论的掌握。例如，新生入学时，应增加资料查找方法、资料或书籍阅读方法、讲座笔记方法等具有普适性的基础能力的培养；第二学期开始，可以增加社会调查或研究方法的课程或讲座，以促进学生的客观性思维的培养；随着法学专业知识的深入学习，可

① Quality Assurance Agency for Higher Education 2007 for Law, pp3 - 4. 见 http://www.qaa.ac.uk/Publications/InformationAndGuidance/Documents/Law07.pdf.

以增加法律逻辑思维方法、法律写作方法[①]和学术论文的写作方法的内容。这些方法能力的训练，磨刀不误砍柴工，有助于培养学生独立的思维模式以及怀疑和论证的能力。

其次，法学本科教育应给学生留有自主学习的时间。一方面，如上文所提及，法学本科的必修课程繁多，学生的日常时间大多被限制在课堂学习中，难以充分保障自主学习；另一方面，允许在校法学本科学生参与国家统一司法考试，极大地压缩了学生用于本科课程学习的时间。学生在校真正充分的学习时间甚至仅为两年半[②]。2016 年的《关于完善国家统一法律职业资格制度的意见》强调全日制普通高等学校法学本科类学生，需取得本科学历并获得学士学位才能参加司法考试，有助于这一状况的改变。

最后，法学本科教育应给学生留有自主学习的空间。课堂的学习应当培养开放性思维。其一，教师使用教材，有助于学科知识的系统化培养，但教学不能依赖教材。单一的教材在某些争议性的学术问题上可能存在一家之言的情况，依赖教材容易局限专业认识和专业思维；教材的撰写可能存在一定的滞后性，在最新的研究成果和资料方面较为有限。其二，在课堂上和课后，教师应当给予学生更多自我发挥的空间，鼓励和引导个体思维和言论的展开，特别是关于一些案例或有探讨价值的话题，不应预设结论。其三，大学或院系应当给予学生充分地进行自主学习的场所，例如，提供学生查找和借阅学术资料的多种途径，在院系或图书馆设置可供小组讨论用的私密空间等。

## （三）知识性与实践能力并重

大学法学教育不仅仅是一种知识教育，同时也应当注重专业实践适用。无论是从格拉斯哥大学整体课程途径规划上，还是从英国法学本科教育与法律职业资格要求的密切联系上来看，法学本科课程设置使学生对自身的工作规划有积极的认知，并通过本科学习，达到并获得相应的专业能

---

① 这里的“法律写作”，不仅包含一般本科法律课程中的司法文书写作，例如起诉书、判决书等，还应当包括诉讼实用文书的写作，例如法律备忘录（Legal Memo）和法律摘要（Legal Brief）的写作等。后一类的写作训练对于学生思考和梳理法律案件或问题有极大的帮助，也是学生毕业后从事初期法律相关工作所应具备的基本能力。我国的法学本科教育目前极为缺乏相关的训练。

② 许多学生大三第二学期便集中精力准备国家统一司法考试，大四主要任务放在毕业实习和毕业论文上。

力以符合未来工作的需要。英国的大学将毕业生的就业率作为评价大学声誉和专业优势的一个重要指标。大学在招生时，其毕业就业率也是学生是否选择该校的一个重要考虑因素①。课程设置的知识性与专业实践并重，也体现了大学法学教育的要求。

根据麦可思报告②对中国应届大学生就业的调查，从2007年至今，本科学生毕业六个月后的就业率，法学专业一直居后列。根据2007—2011年的麦可思数据，法学本科生毕业六个月后的就业率分别为87.7%、79.5%、82.3%、86.7和86.8%，虽有逐年上升的趋势，但依旧为各专业大类的最后一名。而2008—2011年毕业六个月以后对口率分别为47%、47%、51%、48%，也均居于各专业大类的倒数第二③。造成该现象可能存在两个主要方面的因素。其一，随着20世纪90年代大学扩招政策的开展，法学作为热门专业，本科招生人数激增。截至2009年，我国有615所高校开设法学专业，本科在校学生人数已达45万人④。每年本科毕业生的人数以十数万计，虽然当前市场对法律工作需求巨大，但就业市场一时难以大量消化。

其二，法学本科学生毕业以后，难以较快地适应社会相关专业的人才素质要求。教育方向取决于社会需求。改革开放初期，社会对法律人才的需求主要着眼于教学科研，以及为国家机关输送人才，法学本科教育也以理论教学为核心⑤。当法学本科教育在20世纪90年代开始迅速扩大时，随着经济的发展和市场对职业法律人才的需求，重理论轻实践的教学模式无法满足社会的需求。学生缺乏法律活动中所需的实践经验和技能，在工

① 例如，伦敦大学玛丽学院也在其主页中强调，该校法学院本科毕业生在毕业六个月内找到工作或学习机会的比例达91%。见“Graduate Employment”：http：//www. law. qmul. ac. uk/undergraduate/courses/items/118482. html#sixth. 格拉斯哥大学也在其法学本科的宣传册中就指出，该校法学院本科毕业生在毕业六个月内找到工作或学习机会的比例高达97%。

② 麦可思公司从2007年开始从事“中国大学毕业生求职与工作能力调查”，至今出版了2009—2014六个年度的《中国大学生就业报告》。

③ 麦可思研究院 编著，《2010年中国大学生就业报告》，社会科学文献出版社，p38、p99；麦可思研究院 编著，《2012年中国大学生就业报告》，社会科学文献出版社，p48、p117。

④ 如包括各类教育单位和法学研究生，则在校生已超过七十万人。王健，《法学教育改革与发展的新动向》，《法制日报》，见：http：//news. sina. com. cn/o/2009-11-04/083616551761s. shtml。

⑤ 苏力：《法学本科教育的研究和思考》，《比较法研究》，1996年第2期。

作以后需要较长时间的适应过程[①]，这也影响了本科学生的就业机会。

国内高校已经逐渐重视教育与就业的衔接问题，也采取了各种途径从法学本科学习阶段就着重培养学生的工作知识、技能和能力。在课程设置上，主要体现在开展实务教学和司法考试教育方面。

法学本科毕业生的主要就业方向以律师、法律性质的公务员和其他法务性质的职业为主，因此在实务教学上也着重在此。一方面，采纳美国法学教育的经验，引入“法律诊所”方式。该模式不但强调课堂中从实际真实的案例出发，让学生从不同的角度参与分析和判断，从而通过互相提问、探讨、模拟的方式，掌握知识在实际事务中的应用；还鼓励学生在老师的指导下，参与社会法律事务案件的代理工作。另一方面，在设立律师学院，对法律从业人员进行培训的同时，也加强了对本科学生的实践能力的培养。例如，中国人民大学作为我国法学专业的重点高校，组建的律师学院开设了以律师基础实务为对象的初级课程，主要面向法学院在校学生，通过学习使学生掌握律师职业的基本技能，为其毕业后的律师工作奠定了基础[②]。

---

① 吴志攀：《统一司法考试与高等法学教育的改革取向》，《中国高等教育》，2005 年 Z2 期，第 27 页。

② 见：http：//lawyer. ruc. edu. cn/html/xyjs/xygs/3342. html

# “应用型行政管理”理念下本科人才培养的省思

陈洪波

行政管理本质上是实践的学问。在西方行政思想史上，我们考察其起源，不难发现，行政管理学的产生有极其务实的缘由，即随着工业社会的发展，政府职能不断扩大，政府在管理过程中面临着远比前工业社会更为复杂的管理问题；另外，随着公务员制度的实施，对公务员的培训也需要专业的知识。可以说，行政管理学从其产生之日起，便是为解决现实问题而服务的。在当前，行政管理专业本科人才培养的“应用型”取向已得到广泛的认可；然而，在现实中，“应用型行政管理”的理念并未有效贯彻，应用型人才的培养仍面临各种困境，亟须反思与重构。

## 一、“应用型行政管理”的核心：学以致用

行政管理专业不是书斋里的学问，其内在的特质要求行政管理的学习者和研究者具有“经世致用”的抱负和雄心，要对解决政府乃至公共部门面临的真实世界的现实问题有所贡献、有所裨益。这就需要在行政管理的理论和实践之间建立一条可通达的路径。“学以致用”正是“应用型行政管理”的核心，“学”是为“用”准备的，为“用”服务的，“用”是目的，“学”是手段与途径。

## 二、“应用型行政管理”理念下本科人才培养的困境

虽然行政管理专业的“应用型”取向获得了普遍的认可，然而，在现实中，理论脱离实际的现象仍在一定程度上存在。夏书章先生曾经对这一弊端的批评依然没有过时：“有一个最严重的问题，即理论几乎完全脱离

实际，或换句话说是未能学以致用。应用学科学而不用与不学何异？具体表现为‘思想’只停留在口头上、文字上、课堂上，没有也无法落到实处。‘思想’虽有‘发展’，行动仍旧我行我素，甚至变本加厉。”① 联系东莞理工学院的本科人才培养，笔者试分析面临的具体困境。

### （一）理论性课程比重偏大，实践性课程比重偏低

高等教育传授知识的目的在于帮助学生将知识转化为智力和技能，适应社会的需求。在课程设置上，仍过于倾向专业理论知识，对学生实践课程安排太少，例如，原理类的课程学时偏多，而培养行政能力与技术方法的课程学时偏少。

### （二）实习未能充分体现专业特色与优势

在实习方面，存在的主要问题有：其一，相当部分的学生实习岗位与其专业关联不密切，比如在企业的市场营销岗位上实习；其二，实习指导教师本身缺乏在实务部门工作的经验，也通常很少亲临现场指导；其三，由于采取分散实习为主的方式，对实习学生难以有效监督。

### （三）课程考核上，仍主要考核学生的记忆能力

在课程的考核上，教师缺乏应有的自主权，为迎合所谓“规范化”的要求，在命题上，真正体现学生创造性和应用性的题目不敢出，因为这样的题目难以评分，容易出“问题”。即使是所谓的论述题，标榜考核学生对知识的理解、分析与应用，实际上，仍主要考核的是学生对灌输知识的记忆能力。

### （四）在讲授内容上，过分偏重“应然”知识

在课程讲授的内容上，教师主要讲授的是“应然”知识，例如，公务员应该廉洁奉公等（不是说不要讲授这些知识，而是说，这类知识比重太高）；而较少讲授真实的公共行政世界，例如，政府实际的运作机制等。这使得教师在学生头脑中建构的是一个“理想主义”的公共领域，或者

---

① 夏书章．应用学科更应学以致用——“民国”时期的一大教训［C］//曹峰．中华民国公共行政思想（1912—1949）．北京：社会科学文献出版社，2015.

说，所讲授的理论严重脱离实践，学生一旦走入社会，便充满了失望和困惑，不知如何应对纷繁复杂的现实世界。

## 三、困境的原因分析

造成上述困境的原因，笔者以为大致有以下方面：

### （一）教师自身实践经验缺乏

在国内，高校教师通常是从硕士、博士中招聘的，并且一旦在高校任教，就很难流动。这种从学校到学校的教师，尽管有较为扎实的理论知识，但实践经验缺乏。当前尽管高校教师可以在政府部门挂职，但有挂职机会的教师毕竟是极少数。

### （二）案例库建设不完善

要有效开展案例教学，仅仅靠任课教师收集是远远不够的，案例应当与理论密切结合，不宜太长，要有一定的趣味性，要具有时代特色，要收集足够的满足这些要求的案例并不容易。

### （三）教材建设也不完善

近些年来，中国人民大学出版社出版了诸多来自西方的所谓“公共行政与公共管理经典教材”，这些教材对于研究生教育具有一定的价值，但对本科人才的培养意义不大，因为其理论有着独特的西方背景，尤其是美国背景，其案例完全来自西方国家，尤其是美国，与中国本土实践相差太远。国内出版的教材，普遍理论性太强，抽象、空洞、枯燥，难以指导实践，难以吸引学生。

## 四、加强“应用型”本科人才培养的路径

### （一）增加实践性课程的比重，注重案例教学课程的设置

行政管理专业学生的竞争优势在于不仅拥有较扎实的理论基础，而且

实践和动手能力强，有必要强化在调查研究方面的实训。学生在调查研究过程中，不仅能对调查研究的有关知识有切身的感悟和体会，而且，能锻炼学生的社会交往能力、策划能力和组织管理能力等。在课程设置上，理论性课程的学分还可进一步压缩，例如，“西方行政思想史”的学时可由48个学时降低为32个学时；可适度增加实践性课程，例如社会研究方法、电子政务、社交礼仪、大型活动策划、人际沟通、演讲与口才等。此外，即使是理论性较强的课程，也应尽量采用案例教学法。当然，这需要加强案例库的建设，也需要注重激发学生参与案例讨论的热情。在教材选用方面，尽量选用本土教材，采用本土案例，因为将来绝大多数学生都是在国内就业的。

### （二）完善实习、论文写作等实践教学

在实习方面，一方面，要加强实习基地的建设，并让实习基地真正发挥作用。实习基地的建设，有利于为学生创造条件，帮助学生找到与其专业相符的实习岗位，也有利于学校方面对学生的监督管理；另一方面，为弥补专业教师实践经验不足的缺陷，可实行双导师制，即聘请实务界精英人士担任学生的实习指导教师，当然，这需要建立监督考核机制，避免流于形式。

在论文写作方面，要鼓励学生做经验研究，关注本土问题，尽量不做纯理论研究，加强对学生选题的审核，尽量将学生的实习与论文写作结合起来。

## 五、小　　结

20世纪40年代，美国公共行政学大师沃尔多敏锐地察觉到公共行政的“身份危机”，沃尔多感叹：“公共行政学家有着一种含混的、经常令人不爽的、双重的二等公民的地位：他是学术界讲求实践的人，又是公共行政实践中的空谈者。”① 行政管理的教师应努力避免成为空谈者，我们的学生也应努力避免成为空谈者，而是实实在在为解决公共管理领域的现实问题贡献我们的知识和智慧。

① Waldo D. Public Administration. The Journal of Politics. 1968（2）. 443-445.

# 践行“知行合一　立德树人”宗旨，面向新产业、新工科，大力培养适应现代产业发展需求的具有理工科背景的高素质应用型知识产权法律人才①

龚红兵

**摘　要：**知识产权制度是激励创新的基本保障。在我国实施国家创新发展战略与知识产权强国战略的背景下，社会和企业对高水平理工科背景的知识产权人才培养和科技创新服务提出迫切需求。通过学校开展的“知行合一　立德树人”的教育教学大讨论，法律与社工学院（知识产权学院）全体老师认为：作为高等教育结构改革调整的建设性力量，应用型理工科大学应充分利用自身优势，积极探索通过双学位、辅修专业和公选课程等途径培养大量具有理工科背景的知识产权人才。文章在充分总结了教育教学的大讨论的成果上，论证了应用型理工科大学应大力培养高素质具有理工科背景知识产权人才的必要性的基础，分析了应用型大学培养知识产权人才的现状与存在的问题，积极探索了通过辅修专业和公选课程等途径来培养大量具有理工科背景的知识产权人才，总结了东莞理工学院在知识产权人才培养上的经验，提出了今后进一步加强应用型理工科知识产权人才的培养路径与方法。

**关键词：**教育教学；知识产权；创新；人才培养；辅修专业；理工科

①　本文是下列科研教研教改项目的阶段性成果：教育部第46批留学归国人员科研启动基金（教外司留〔2013〕693号）项目“广东省民营制造企业海外并购中的知识产权法律问题研究”；广东省教育科学“十一五”规划研究项目：“高等学校法学专业‘知识产权法’课程双语教学的理论与实践研究”（2010tjk023）；2014年省级教研教改项目：“应用型本科院校《知识产权法》课程案例化、网络化和双语化教学平台建设的研究与实践”（GDJG20142467）；2017年广东省应用型人才培养课程建设项目“应用型理工科知识产权法律人才培养与《知识产权法》课程教学体系的改革与实践”；2016年知识产权工作专项（省知识产权局软科学项目）“当前国际知识产权的新发展对广东省民营企业实施‘走出去’战略的影响研究”。

# 一、背　景

在国家和全省实施创新驱动发展战略的大背景下，在东莞理工学院加快建设高水平理工科大学的过程中，法律与社工学院（知识产权学院）（以下简称知识产权学院）始终以“加快推进高建，以卓越的创新教育与实践造福社会”为己任，全身心地投入高水平理工科大学的建设中，着力深化教学改革，大力推进知识产权学科建设，积极探索知识产权人才培养模式，在培养以理工科为第一专业背景的知识产权应用型人才方面，在服务于东莞经济转型、推动东莞企业转型升级和创新发展方面取得了丰硕成果。

2017 年 3 月 15 日，东莞理工学院在全校开展了“知行合一　立德树人”的教育教学大讨论。大讨论的目的是进一步强化以“本科生人才培养”为中心的地位，全面提高本科生的教育教学质量。开展教育教学大讨论是提高教育教学质量的根本需要，是加快学校改革发展的重要举措。通过这次大讨论，法律与社工学院（知识产权学院）的全体教职工深刻理解了高素质应用型创新人才培养目标的内涵，认清了师生在实现人才培养目标过程中的职责，强化了教育教学主体意识，建立了科学的人才发展观，增强教学团队意识。此外，通过这次大讨论，法律与社工学院（知识产权学院）教师提高了自己的专业课程教学教研能力，增强了教学科研团队协作能力。总之，这次全校规模的“知行合一　立德树人”的教育教学大讨论，进一步促进了法律与社工学院（知识产权学院）的良好教风学风形成，促进了本科生人才培养质量的提高和教师培养能力的提升。

具体来说，通过这一次全校规模的“知行合一　立德树人”的教育教学大讨论，法律与社工学院（知识产权学院）全体老师达成以下共识：进一步明确了法学（知识产权）辅修专业人才培养目标和法学（知识产权）辅修专业的发展目标，凝练了法学（知识产权）学科发展方向。

按照学校“建设高水平理工科大学的各项战略部署”，通过这一次全校规模的“知行合一　立德树人”的教育教学大讨论，法律与社工学院（知识产权学院）进一步明确了法学（知识产权）辅修专业人才培养目标和法学（知识产权）辅修专业的发展目标，凝练了法学（知识产权）学科发展方向。

一是明确法学（知识产权）辅修专业的人才培养目标定位。

首先，法学（知识产权）辅修专业人才培养的总体目标是："坚持知行合一、立德树人，着力培养适应现代产业发展需求和企业知识产权管理需要，勇于担当、善于学习、敢于超越的高素质理工科应用型知识产权法律人才"。

具体来说，法学（知识产权）人才培养标准如下：

（1）具有坚定的理想信念，热爱祖国，遵纪守法；

（2）具有高度的社会责任感和良好的职业道德；

（3）具有健全人格、健康体魄和良好的人文素养；

（4）具有良好的沟通协调能力和团队合作精神；

（5）具有信息获取、知识更新和终身学习的能力；

（6）具有扎实的专业基础和一定的跨学科知识；

（7）具有较强的解决产业行业实际问题的能力；

（8）具有批判性思维、创新精神和创业意识；

（9）具有国际化视野和跨文化交流合作的能力。

二是在学校"强化理工类学科特色发展，工科优势突出"的学校总体布局下，法学（知识产权）辅修专业应强化"人文社会科学+"的发展思路，走"理工科+法学"特色发展路径，法学（知识产权）辅修专业应用特色鲜明，服务地方经济成效显著。

法学（知识产权）辅修专业开设之初就把面向珠三角、扎根东莞、融入地方、为地方经济和社会发展培养高素质应用型知识产权法律人才作为己任。近年，知识产权学院通过开设法学（知识产权）辅修专业，努力培养理"工科+法律"的复合型人才、文理科交叉的应用型法律人才，并在理工科知识产权法律人才培养目标制定的科学性与合理性上不断进行改革和探索。此外，知识产权学院还不断努力培养适应珠三角区域经济建设社会发展需求、知识面宽、实践能力强、具有创新精神和国际视野的高素质应用型知识产权法律人才。因此，知识产权学院走出了一条"理工科+法学"特色发展路径，法学（知识产权）辅修专业的应用特色鲜明，服务地方经济成效显著。

三是在学校"强化理工类学科特色发展，工科优势突出"的学校总体布局下，法学（知识产权）辅修专业应进一步强化“知识产权+”特色发展。

无论是战略性新兴产业，还是先进制造产业，其核心都是技术的创新，而对技术创新成果的保护就是知识产权。知识产权制度已经成为激励创新的基本保障制度。制造业强省必然是知识产权大省。

因此，在“依法治国”的时代背景下和广东省要加快推动制造业转型升级和优化发展，加快实现由制造大省向制造强省转变的背景下，法学（知识产权）辅修专业应进一步大力发展。

四是面向“新产业·新工科”，必须强化“知识产权+”的发展思路，走“理工科+知识产权”的特色发展路径，大力发展法学（知识产权）辅修专业。

在新一轮学科建设中，东莞理工学院打破传统学科建设的惯性思维和路径依赖，围绕广东战略性新兴产业、先进制造业发展的关键任务，以智能制造技术与工程为主攻方向，打造智能制造领域新型优势特色学科专业群，带动工科为主的学科专业水平、创新服务能力、人才培养质量整体提升。

“新工科”的核心要求之一便是学科的交叉融合。因此，在学校“强化理工类学科特色发展，工科优势突出”的学校总体布局下，法律与社工学院（知识产权学院）强化“人文社会科学+”的发展思路，走“理工科+知识产权”的特色发展路径，即知识产权学科主动融合移动互联网、工程技术和智能制造等。其目的就是要打破法学学科与理工科的界限，加强学科融合，提升学科专业与科技创新、产业升级需求的吻合度，着力培养坚持知行合一、立德树人，适应现代产业发展需求和企业知识产权管理需要，勇于担当、善于学习、敢于超越的高素质理工科应用型知识产权法律人才。

五是培养高素质的理工科背景的知识产权人才，使理工科学生具有较高的科技创新意识和知识产权保护意识，是高水平理工科大学建设的一个主要指标。

在我国实施国家创新发展战略、积极推进“中国制造2025”规划和建设世界科技强国等重大部署下，作为培养科技创新人才的主力军，高水平理工科大学的作用与价值进一步凸显。2015年8月，中央深改组第十五次会议通过的《统筹推进世界一流大学和一流学科建设总体方案》提出，要

"以中国特色为统领，以支撑创新驱动发展战略、服务经济社会为导向，推动一批高水平大学和学科进入世界一流行列或前列，提升我国高等教育综合实力和国际竞争力，培养一流人才，产出一流成果"①。建设高水平理工科大学，其目的就是充分利用理工科大学的学科专业优势，抢占知识生产和科技创新的制高点，发挥理工科大学对于经济社会发展的"服务站""孵化器""加速器"等综合功能，通过创新要素聚集和创新资源优化，强化理工科应用型人才的培养。②

可以预见，在国家及区域创新体系建设中，高水平理工科大学的科技创新服务、创新创业型人才培养与输出，已经成为推进经济中高速增长、产业中高端发展、真正迈向自主创新的重要战略举措。而大力培养具有较强的科技创新意识和知识产权保护意识的理工科背景的知识产权人才，应是高水平理工科大学建设的一个主要指标。

六是培养高素质的应用型理工科背景的知识产权人才，是高水平理工科大学服务社会和区域经济的突出表现。

《东莞市教育事业发展"十三五"规划》中指出，高校将对接东莞支柱产业、战略性新兴产业、先进制造业，建成产业需求型的重点专业，建设高水平应用性特色学科专业，从而形成产学研用互相融合的技术创新体系和技术转移机制，为东莞实现转型升级和创新驱动提供人力支撑③。

当前，广东产业转型升级已到必须依靠创新驱动发展的新阶段，而且随着珠三角国家自主创新示范区建设的启动，区域创新信息流动进一步加速，创新要素聚集进一步加快。在广东省乃至东莞市大力打造先进制造业区域和东莞高标准建设国家知识产权示范城市的背景下，企业和社会迫切需要大量的具有理工科知识背景，掌握知识产权法律知识的应用型、复合型法律人才。因此，法律与社工学院（知识产权学院）开设设法学（知识产权）辅修专业，能切实实现学科间的交叉渗透，使有理工科专业背景的学生在完成主修专业学习任务的同时辅修法学（知识产权方向），从而培

---

① 国务院关于印发统筹推进世界一流大学和一流学科建设总体方案的通知（国发〔2015〕64 号）http：//www. gov. cn/zhengce/content/2015-11/05/content_ 10269. htm

② 成洪波：《高水平理工科大学：背景需求、功能定位与建设路径——基于东莞理工学院的实践探索》，《高等工程教育研究》，2016 年第 5 期。

③ 东莞市人民政府关于印发《东莞市教育事业发展"十三五"规划》的通知，http：//www. dg. gov. cn/cndg/zfwj/201611/f743ba6df3ad4d818cbad97fbcaeae09. shtml

养具有多学科背景、基础扎实、知识面宽、实用性强、应用能力突出、富有创新精神和能力的高层次复合型知识产权专门人才，从而积极满足东莞及珠三角地区制造业在科技创新和产业的发展过程中，对具有知识产权背景知识的创新型人才的迫切需求。而这又是高水平理工科大学服务社会和区域经济发展的突出表现。

## 二、应用型大学培养知识产权人才的现状与存在的问题

当前，我国知识产权人才培养的主要问题不是数量问题，而是结构不合理。我国经济社会发展迫切需要大量的以理工科为专业背景的应用型、复合型知识产权人才，而我国绝大多数企业存在此类知识产权人才严重不足的突出问题。也就是说，目前“知识产权教育和人才培养”的状况不理想，不能满足社会的需求，主要表现在以下方面：

### （一）企业急需的以理工科为专业背景的应用型、复合型知识产权人才数量匮乏

目前，国内各大学大多培养没有理工科背景的知识产权法律人才的现状需要进行改革。因为在我国实施国家创新发展战略与知识产权强国战略，积极推进“中国制造 2025”规划、建设世界科技强国等重大部署下，社会和企业对高水平理工科背景的知识产权人才培养和科技创新服务提出迫切需求。

以东莞市为例，课题组从实际调研的数据上分析，截至目前（2017 年 4 月），东莞市共引进和培育 56 家专利代理机构，700 多名专利代理从业人员，其中有 188 名专利代理人。但是，与 2016 年东莞市年专利申请量和授权量的海量数据相比①，东莞市的代理人数量明显不足，代理质量有待于提高。

同样，广东的知识产权服务能力和人才队伍，与快速发展的知识产权

① 2016 年东莞市年专利申请量和授权量分别达到 3.9199 万件和 32.0900 万件，继续位于广东省前三位，全年有 1964 家企业实现了专利申请零突破。http：//www.cipnews.com.cn/showArticle.asp？Articleid＝27318

事业形势需要相比较，还有较大差距。如在专利代理能力方面，截至2016年年底，全省执业专利代理人不足1900人，而同年广东省提交专利申请量突破122万件，企业和社会对专利代理行业高质量人才和高水平服务的需求越来越大①。

### （二）应用型知识产权人才的知识结构有待进一步优化

目前，我国知识产权人才的社会需求要富集于企业，而企业对于知识产权人才的专业要求不仅仅是法律，可能更多的是知识产权管理和知识产权经营。可以说，知识产权保护仅仅是一种消极的管理与经营，而知识产权经营才是积极的保护和积极的管理。但是，现在各高校培养的知识产权人才都是依托法学学科，以学法律为主，兼学知识产权，学生缺乏理工科的知识背景和管理学的知识背景。既懂法律又精通理工科专业知识的专利代理和管理等服务性人才匮乏。在现实中的知识产权领域，企业急需懂技术、懂经营、有知识产权法学知识的复合型人才。

### （三）知识产权课程的师资力量有待于进一步增强，课程内容有待于拓展和丰富

经过近20年的积累，国内高校虽然聚集了一批知识产权专业教师，但从总体上看，无论是教师的数量还是质量都很难满足知识产权人才培养的需要。据统计，目前建立了知识产权学院的30多所高校的知识产权专业教师总数不足500人，其中受过系统知识产权教育或有海外知识产权学习经历的教师非常少。退一步说，在这些本土的知识产权教师中，具有合理的专业背景、较高的理论研究能力和丰富实践经验的教师更是少之又少②。

### （四）缺乏跨学科的知识产权师资队伍

知识产权工作的特点决定了知识产权人才更多的是复合型实务人才，而目前我国高校的知识产权课程大多数为教授法律的教师授课，缺乏跨学

---

① 顾奇志：《广东：励精图治　谱写强省建设新篇章》，2016/3/11 10：21：44，http：//www. cipnews. com. cn/showArticle. asp？Articleid＝26593

② 李玉光：《知识产权事业发展有赖坚实的人才根基》，http：//www. cipnews. com. cn/showArticle. asp？Articleid＝26612，2014年4月28日访问。

科的师资队伍，且大多数高校知识产权师资队伍缺乏专利、商标等知识产权实务经验。

首先，在目前我国高校教师培养体制下，有实务能力的人才很难成为高等院校的专职教师。因此，大量高等院校无法开设社会需要的知识产权实务技能课程，只能开设一些便于教授的知识产权理论知识课程。

其次，知识产权教学在科目设置上存在一定的不合理性。社会需要的知识产权人才应具有法学、管理学、工学、语言学等多学科知识，而我国高校长期以来都是通过法学、管理学等相关专业来培养知识产权人才，在教学科目设置上偏重于法学知识，知识产权课目设置过少，相关理工科知识不足。因此，在人才培养的知识结构上，法学专业的学生往往欠缺科技学、管理学等方面的知识，很难从事专利代理工作。

最后，知识产权教育偏重于理论知识而忽视了知识的应用。许多高校在教学中主要向学生传授知识产权法律知识而很少介绍专利申请、专利审查、商标注册申请方面的实践知识，削弱了知识产权教学的效果。

### （五）我国现有的高校知识产权教材主要以《知识产权法》等法学范畴教材为主，理论知识雄厚，但实务操作不足

目前，我国高校知识产权人才培养模式主要是依托法学院，其教材主要以《知识产权法》等法学范畴教材为主，理论知识雄厚，但实务操作不足。

因此，理工科院校在培养具有理工科背景的知识产权人才过程中，一定要克服当今知识产权法学类教材的局限性，教材应着重突出专利检索、专利信息分析和实务操作的内容，以满足理工科背景的知识产权人才的培养的需要。

## 三、法学（知识产权方向）辅修专业是应用型理工科大学培养理工科知识产权人才的主要方式

知识产权人才是知识产权强国建设的重要资源，是知识产权强国建设的智力支持和基础保障。近年来，随着我国知识产权事业的不断发展壮

大，各类知识产权人才的需求都有所增强，其中又以企业知识产权人才以及知识产权服务机构的人才需求最为突出。

企业需要的知识产权人才，主要分布在专利等知识产权管理岗位上，而且企业知识产权管理工作带有很强的综合性，因此企业大量需要的知识产权人才是具有技术、法律、管理等知识背景的、综合性的实务型知识产权经营管理人才。由于当前企业对知识产权人才的需求主要还是定位于本科层次，因此，应用型理工科大学通过开展知识产权第二学位教育，可以使第一专业是理工科的学生掌握较为全面的知识产权理论和实务。

目前，知识产权双学位教育已经成为高校特别是理工科院校培养应用型理工科背景知识产权人才的主要方式，如，华南理工大学①，南京工业大学②，北京大学③，重庆邮电大学④，同济大学⑤等理工科高校中，通常以理工科学生辅修法学（知识产权方向）为主。在论述知识产权双学位的专业培养要求和目标上，北京大学法学院的法学（知识产权方向）双学位的专业教学计划做了很好的阐述："知识产权专业属于多重交叉学科，各行业、各领域都需要知识产权人才，在大学本科生中进行知识产权双学位教育可以达到两种人才培养效果：一是使学生今后在从事科学研究、经济管理、文化传播、国际交流、政府公务中都可以将知识产权知识融入其中，在不同领域内体现出国家知识产权战略的应用，二是为知识产权专门人才的培养进行人才储备，学生在获得法学（知识产权方向）双学士学位后，可以继续攻读硕士研究生及博士研究生。"

东莞理工学院作为一所应用型理工科大学，在2014年也面向全校理科生开设法学（知识产权方向）辅修专业，其招生目的为："为深入实施创新驱动发展战略和国家知识产权战略，进一步加强知识产权运用和保护，

① 华南理工大学2014知识产权辅修、双专、双学位培养计划 http：//202.38.194.100/fxy/syxwtp/18hm38pbsqcsg.xhtml

② 江苏省知识产权局关于南京理工大学知识产权专业第二学士学位招生的通知 http：//www.jsip.gov.cn/zwgk/tzgg/200810/20081026_39544.html

③ 北京大学法学院知识产权双学位专业教学计划2010-05-07 02：19：56 作者：北京大学法学院 北京大学知识产权学院

④ 朱涛：《理工院校知识产权（法）专业课程体系设置探究——以重庆邮电大学为例》，http：//www.cnki.com.cn/Article/CJFDTotal-LZJY201304026.htm

⑤ 同济大学法学辅修专业（知识产权方向）教学计划 http：//www.doc88.com/p-650530331167.html

助力创新创业，在我校建设高水平理工科大学的背景下，法律与社工（知识产权）学院面向全校学生招收法学（知识产权方向）双学位。其目的就是满足东莞及珠三角地区制造业科技创新过程中，对具有知识产权知识背景的创新型人才的迫切需求。”

截至2017年3月，法律与社工学院（知识产权学院）已经面向学校全体理工科学生开设三届法学（知识产权）辅修专业，为社会培养了大量的理工科知识产权人才。

## 四、法律与社工学院（知识产权学院）培养理工科知识产权人才的经验总结

在国家和全省实施创新驱动发展战略的大背景下，在东莞理工学院加快建设高水平理工科大学的过程中，法律与社工学院（知识产权学院）始终以“加快推进高建，以卓越的创新教育与实践造福社会”为己任，全身心地投入高水平理工科大学的建设中，着力深化教学改革，大力推进知识产权学科建设，积极探索知识产权人才培养模式，在培养以理工科为第一专业背景的知识产权应用型人才方面，在服务于东莞经济转型，推动东莞企业转型升级和创新发展方面取得了丰硕成果。

一是更新教育观念，设立法学（知识产权）辅修专业和第二学位，大力培养以理工科为背景的知识产权应用型人才，为东莞市发展创新型经济提供有力的人才支撑，硕果丰硕。

为了满足东莞及珠三角地区制造业科技创新过程中，对具有理工科背景的知识产权人才的迫切需求，法律与社工学院（知识产权学院）不断更新教育观念，从珠三角制造业的实际需求出发，并结合东莞市的制造业特点，大力培养以理工科为背景的高素质应用型知识产权人才。法律与社工学院（知识产权学院）自2014年9月面向全校开设法学（知识产权方向）辅修专业以来，已累计培养300名以理工科为背景的知识产权应用型人才，人才培养硕果丰硕。

二是向全校师生普及、宣讲知识产权的基本知识，全面培养和提升东莞理工学院师生尊重知识产权、保护知识产权的意识和理念，知识产权宣讲工作成绩突出。

法律与社工学院（知识产权学院）向全校学生开设“简明知识产权概论”“专利检索”等公选课程，普及、宣讲知识产权的基本知识；在每年4月26日，法律与社工学院（知识产权学院）均在学校开展一系列知识产权宣传活动，大力营造建设高水平理工科大学的知识产权氛围，宣传、普及专利制度对创新驱动的促进作用，全面培养东莞理工学院及其师生尊重知识产权、保护知识产权的意识和理念，为建设高水平理工科大学提供知识产权支撑。

三是积极推进现代信息技术与知识产权教育教学的深度融合，积极运用现代化的教学手段开展幕课（MOOCs）和知识产权网络教学，教学理念先进，效果显著。

法律与社工学院（知识产权学院）老师主动地学习新的教学理念和信息技术，积极推进现代信息技术与知识产权教育教学的深度融合，积极改进教学方式，探索采用“慕课”课程等形式，开展知识产权网络教学，教学效果显著。目前，学院老师已经建设成《知识产权法》网络教学平台一个[①]。此外，学院依托中国知识产权远程网络教育平台，向全校理工科学生开设知识产权的相关课程，普及、推广专利、商标和著作权等相关知识产权法律。

四是积极开展知识产权课堂教学模式改革，大胆采用“真实案例进课堂”的方式，使学生真实领悟到法庭审判的严肃性、公平和公正性，以及知识产权案件的复杂性。

五是知识产权学院不断完善开放办学的协同培育人机制，通过与广东省知识产权局等政府部门、法院和专利事务所协同育人，不断提高知识产权人才的实践能力和创新能力。

法律与社工学院（知识产权学院）不断完善开放办学的协同培育人机制，目前已经和广东省知识产权局、东莞市知识产权局、东莞市中级人民法院等24家政府部门、法院和专利事务所建立起了知识产权协同育人实践基地。通过这些实践性人才培育基地的建设，知识产权学院将这些优质的社会资源聚集、转化为知识产权人才培育的教学资源，促进和提高了知识产权人才的实践能力和创新能力。

六是主动面向东莞市经济建设和社会发展需求，以服务东莞地方经济

① 东莞理工学院精品课程建设：《知识产权法》网络课程，http：//219.222.191.54/.

建设为导向，根据东莞市政府和企业实际需求，开展各种形式的知识产权培训，精准服务地方经济建设，成绩突出，根据政府和企业实际需求，法律与社工学院（知识产权学院）依托省级知识产权培训基地开展各种形式的知识产权培训，对社会和企业对知识产权人才的知识结构要求定位准确，已经培训包括理工学院学生、东莞市政府工作人员和企业知识产权管理人才近1万人次，培训成果显著，知识产权基地服务地方经济的优势突出。

七是积极探索“双师型”师资队伍建设，已经形成一支年龄结构合理、知识产权理论和实务水平高、团结协作、乐于奉献、勇于进取的知识产权师资队伍。

法律与社工学院（知识产权学院）不断加强“双师型”知识产权师资队伍建设，大胆聘用知识产权法律实务部门的高水平的检察官、法官、经验丰富的律师、专利代理人来任教，努力打造一支“高学历、高职称与实务精英相融合的一流的知识产权师资队伍。目前，法律与社工学院（知识产权学院）已经聘请了以东莞市中级人民法院原知识产权庭庭长程春华博士后为代表的实务界精英五位，双师型师资队伍建设成果显著。

八是知识产权学院教师潜心知识产权领域内的学术研究，高度重视科研成果向教学资源的转化，精于知识产权教学，教研教改成果突出。法律与社工学院（知识产权学院）教师潜心学术研究，精于知识产权教学，教研教改成果突出。

近四年来已经发表高水平知识产权学术论文26篇，主持省部级知识产权科研项目15项，科研经费达达70多万元。此外，法律与社工学院（知识产权学院）高度重视科研、教学成果转化为教学资源，鼓励教师将自己的科研成果融入课堂教学中，为应用型知识产权人才培养创造了有利条件。

## 五、法律与社工学院（知识产权学院）应进一步探索应用型理工科知识产权人才的培养路径与方法

2014年9月，法律与社工学院（知识产权学院）开始招收第一届法学（知识产权）辅修专业学生，几年来在教学实践、学生实习等各项教学环

节中，已经积累了丰富的经验，取得了丰硕的成果。在建设高水平理工科大学的背景下，法律与社工学院（知识产权学院）相信，在学院的知识产权实务性人才培养的经验基础上，有能力和信心不断提高以理工科为主体的应用型知识产权法律人才的培养模式，力争在“双师型”师资队伍建设、实践性课程体系和课程内容的构建、知识产权实践教育基地的培育等方面积极探索，为社会培育出高水平的应用型知识产权法律人才。

## （一）培养目标

法律与社工学院（知识产权学院）力求在开设的法学（知识产权）双学位、法学（知识产权）辅修专业的过程中所积累的经验基础上，不断改进以理工科为主体的应用型知识产权法律人才的培养模式，“坚持知行合一、立德树人，着力培养适应现代产业发展需求和企业知识产权管理需要，勇于担当、善于学习、敢于超越的高素质理工科应用型知识产权法律人才。”

## （二）拟解决的关键问题

（1）针对现有的法学（知识产权）双学位、法学（知识产权）辅修专业的教学计划，适当增加“专利信息检索与应用”“专利申请书撰写”等的实务课程；

（2）充分利用“知识产权远程网络教育平台”、学校网络教学平台和互联网优势，提供学生自主学习的能动性；

（3）在校外知识产权教育实践基地建设上，法律与社工学院（知识产权学院）应注重加强与企业知识产权管理部门、知识产权中介服务机构等单位的合作，努力探索，建立起具有特色的知识产权教育实践基地，增强学生解决知识产权实际问题的能力。

## （三）具体改革内容

（1）要充分发挥我校理工科专业的优势，将法律与社工学院（知识产权学院）与学校的工科优势结合起来，在“理工+知识产权”的理念下，形成特色鲜明的应用型知识产权人才培养模式；

（2）采用选修课、必修课、网络课程以及报告会等多种形式，面对不同专业学生开展知识产权普及教育，大幅度提高高校学生知识产权意识；

（3）依托法学（知识产权）双学位、法学（知识产权）辅修专业，进一步加强对理工科学生的知识产权法基础知识的灌输，使学生们在具有扎实的理工科专业知识的基础上，具有较强的专利技术信息的检索和应用、研发和保护的意识；

（4）开门办学，加强知识产权的实践教育环节，在知识产权基本理论课程的基础上，在内容上增加具有较强实践性的课程；

（5）加强与企业知识产权管理部门、知识产权中介服务机构等单位的合作方面，完善知识产权教育实践基地建设，增强学生解决知识产权实际问题的能力；

（6）根据市场主体对知识产权专业人才的要求，结合不同专业的不同特点，加强知识产权课程体系建设，文理交叉，科技与法律并举，管理与外语兼具；

（7）突出“理工科+知识产权”的学科发展路径，发挥交叉学科的优势。因此，要加强学校各院系师资力量的整合，加强跨学科人才培养平台的建设应是我校今后发展的方向；

（8）我校应进一步加强知识产权人才培养的“双师型”师资队伍建设，加强对知识产权司法界、实务界的专家的聘任工作。

### （四）实施方案

（1）课程内容全面引入 OBE（基于产出的教育）模式，教学观念先进

在知识产权人才培养体系中将全面引入 OBE（基于产出的教育）模式，实现学校应用型人才培养和产业行业的切实对接，构建高素质应用型理工科知识产权法律人才培养体系，全面提高教育教学质量。

（2）突出课程的案例化、加强实践教育环节，在知识产权基本理论课程的基础上，增加在内容上具有较强实践性的课程。

根据市场主体对知识产权专业人才的要求，结合不同专业的不同特点，加强知识产权课程体系建设，文理交叉，科技与法律并举，管理与外语兼具。

（3）制订高校知识产权师资培养计划，加大从知识产权工作一线和其他相关领域聘请实务型师资的力度。

（4）将传统的知识产权课堂授课模式与网络教学平台优势相结合，在充分发挥传统的课堂教学的优势的同时，积极充分发挥网络教学的便捷

性、交互性和主动性。

（5）要加强校外知识产权教育实践基地建设上，建立起具有特色的知识产权教育实践基地，增强学生解决知识产权实际问题的能力。

## （五）实施方法及具体实施计划

（1）逐步增大“实践性”课时的比例，灵活地开展实践性教学

例如，在2016年9月增大“专利检索”课程时数，提高同学们的实际操作能力——设定相应的检索主题进行检索，突出老师的传帮带的作用。

（2）鼓励任课老师带领学生“走出教室、走出学校”，到司法实践的大课堂学习——增大实践性课时的比例。

（3）以考试、抽查等形式，加强指导并督促学生通过中国知识产权远程网络教育平台来选修相关课程，真正提高同学们通过网络教育平台学习的学习质量。

（4）要加大聘用知识产权实务型专家的力度，力争在2017年6月，聘用知识产权实务型专家3~6名，并为知识产权双学位学生授课。

（5）积极聘请校外知识产权专业团队，对全校理工科学生普及专利检索、专利信息的分析与应用等基本专利基础知识。

## 参考文献：

［1］崔静思．我国知识产权人才体系建设纪实之一［N/OL］．中国知识产权报，2012-12-22［2017-03-20］．http：//news. k8008. com/html/201212/news_ 2697809_ 1. html.

［2］崔静思．知识产权事业发展有赖坚实的人才根基——访全国政协委员、国家知识产权局副局长李玉光［N/OL］．中国知识产权报，2013-03-13［2017-03-20］．http：//www. cipnews. com. cn/showArticle. asp?Articleid=26612.

［3］陶鑫良．知识产权人才的培养模式［EB/OL］（2008-04-01）［2016-11-20］．http：//www. sipo. gov. cn/mtjj/2005/200804/t20080401_362841. html.

［4］刘阳子．社会力量探索定向培养专利代理人才新路［EB/OL］．（2012-04-26）［2017-04-20］．http：//www. cipnews. com. cn/showArticle.

asp? Articleid = 23630.

[5] 王淑贤. 知识产权人才发展面临的问题与对策 [J/OL]. 前线, 2011 (11) [2017-04-20]. http: //theory. people. com. cn/GB/82288/83850/83859/16272680. html.

[6] 陶鑫良. 中国知识产权人才培养研究 (第二辑) [C]. 上海: 上海大学出版社, 2010.

[7] 王亚琴. 新形势下要创新知识产权人才培养模式 [N/OL]. 中国知识产权报, 2015-06-19 [2017-04-01]. http: //ip. people. com. cn/n/2015/0619/c136655-27183197. html.

# 本科公共管理案例教学实践改革

刘　静

**摘　要：**本科公共管理案例教学不同于硕士公共管理案例教学。考虑到学生在知识背景、社会经验上存在的差异，本科公共管理案例教学在案例选择、教师主体性发挥、软硬件配套上需要有所不同，鉴于本科公共管理案例教学实践中存在的问题，进行本科公共管理案例教学改革是有一定的现实意义的。

**关键词：**公共管理；案例教学；教学改革

案例教学是指以特定事件的真实情境材料为出发点，教师根据教学目的和要求，引导学习者对案例材料所包含的问题进行思考、分析、讨论和交流，以加深学习者对基本概念、理论的理解，提高学习者分析问题、解决问题的能力。

## 一、公共管理案例教学的发展情况

案例教学法是19世纪由哈佛大学法学院首创，20世纪开始逐渐被应用至工商管理和公共管理领域。由于案例教学能用具体案例来阐释抽象的理论和知识要点，实现理论与实践的结合，提高教学效率，因此被作为一种最常用的教学法广泛应用于各专业领域的教学过程中，现已是西方发达国家公共管理教育体系的主流指导工具。

我国公共管理教育虽起步较晚，但对案例教学的重视程度并不低。我国公共管理是在1998年教育部颁布的《高等院校本科专业目录》中才正式确定为一级学科，随后国内一些高校设立了公共管理硕士（MPA）项目。全国公共管理硕士（MPA）专业学位教育指导委员会对MPA的案例教学作了明确规定。一些高校相继组建公共管理案例库，积极地进行公共管理案例开发。这些举措推动了我国公共管理案例教学的发展。

随着公共管理案例教学实践的不断深化，相关的研究成果日益丰富，案例教学对公共管理类课程的作用、案例教学法在公共管理具体课程中应用、公共管理类案例教学效果及问题对策研究均有相当数量的论文及著作。然而公共管理案例教学在不同层次的大专院校的实践情况并不一样，其中已开设 MPA 项目的院校案例教学手段已较为成熟，案例开发配套较完善，教学效果良好，但对于没有 MPA 硕士点的本科院校而言，案例教学实践还是存在着一定的问题与瓶颈，因此，正确把握案例教学的定位与规律，改善后者的案例教学状况是有现实意义的。

## 二、本科院校公共管理案例教学的定位与作用

本科公共管理案例教学的目标是要通过案例教学令学生将所学的理论运用于解决实际问题，激发学生主动学习的兴趣。为达到此目标，首先教师需要认识到，案例教学的定位是作为活化理论知识、实现理论与实际相结合的手段之一，断不能忽视基础理论的讲解，以案例教学取代理论教学。本科生还处在理论框架的学习构建阶段，在基础理论、基础知识和基本技能等方面的储备不足，因此，对本科生特别是低年级的本科生应以“授课为主，案例为辅”的原则进行教学，对其案例教学的课时量应有所限制。

当然，本科公共管理人才培养中，实践能力的训练是相当重要的一个环节。案例教学正是一种实践性很强的教学法，可以培养公共管理本科学生的组织、创新、决策以及分析和解决问题的能力。恰当的案例教学能够弥补单纯理论教学的局限，激发学生的学习兴趣，帮助学生了解与适应未来社会的需要。

## 三、本科公共管理案例教学存在的问题

### （一）案例素材难以适应教学需要

案例教学的基本工具就是案例素材。公共管理案例素材是将公共管理

实践中真实的、典型的、有矛盾冲突的事件经过加工提炼出来的。好的案例素材需要具有本土性、时效性、适用性，以实现将学习者带入特定的真实情境，去思考如何将理论用于解决实际问题。目前普遍存在的公共管理案例素材问题主要是以下三点：

1. 本土案例不足

这里的本土案例主要有两类：一是针对我国的案例，二是针对学习者所在地域的案例。我国公共管理学科发展时间不长，因此，“舶来”惯性仍然存在。如公共政策、公共部门人力资源等课程的国内案例较少，由于缺乏必要的文化制度背景，国外案例往往让学习者摸不着头脑，教学案例存在水土不服的问题。此外，具体地域性案例也比较缺乏，案例教学的课程中使用的案例主要是其他高校教师编写或出版的案例，对具体地域的针对性、适用性不强。

2. 案例的时效性不强

公共管理学科的研究对象往往处在不断变化的政策制度环境下，旧的案例可能会遇到已经有解决的办法或制度更新的尴尬。因此，案例的适用性会受到影响，学习者的兴趣也会随着案例的时效性的降低而减弱。当然，这里不排除一些经典案例不受时效性的影响。

3. 适合公共管理本科教学的案例不够

本科生与硕士及以上阶段的学习者在知识的完整性、思维能力、理解能力方面有一定的差距，教学模式也应有所不同，因此，本科的适用案例素材会有一定的限制，案例的理论综合性太强、问题过于复杂、篇幅过长都不太适合本科生的案例教学。

## （二）学生参与度不高

公共管理案例教学中学生是主要的参与者，案例教学的目的就是改变传统教学中教师单向输出、学生被动接受的知识传递模式，通过案例教学搭建一个师生平等交流平台，实现知识的双向互动的流动模式。因此，学生的主动性与参与度决定了案例教学的实际效果。但长期以来，本科教学多沿袭传统的教学模式，部分学生形成被动接受理论知识的习惯，学生对案例教学这种主动学习方式不适应，自主精神欠缺，主动参与意识不强，配合案例教学的热情也不高，在一定程度上阻碍了案例教学的实施。

## （三）教师案例教学的方法不到位

教师是公共管理案例教学的主体。案例教学包括案例选择、课程设计、课堂组织几个实施阶段。教师在任何一个环节没有准备充分都会影响案例教学的效果。具体针对公共管理学科的特点，教师开展案例教学通常存在以下两个问题：

1. 案例选择存在随意性

案例选择是案例教学的起点，也是案例教学效果好坏的关键环节。如前所述，公共管理类案例受到数量、质量与适用性的限制，案例集里的现成案例常不合适开展案例教学，因此，要找到选择合适的案例就需要教师对媒体报道的公共管理领域的典型事件进行收集、整理、编辑，自行加工为教学案例，甚至通过实地调研，用第一手素材加工、整理、编辑成教学案例，但这两种方式都要花费较多的时间和精力。因此，在实际教学过程中就存在教师用管理类案例代替公共管理案例的情况，或者仅以公共管理典型事件举例的方法代替案例分析。

2. 案例教学组织实施不到位

案例教学效果的呈现是在课堂上，但要组织好一次有效的案例教学，课程设计、课堂组织都要精心准备。然而本科教学实践中，教学者认真编写案例教学手册指导教学过程的情况是少数。此外，在课堂组织上，教学者将课堂完全交给学生，由学生主导，自己退居配合角色的情况也较为普遍，教学者在案例分析讨论中的引导主体地位丢失，将导致案例教学仅仅走了个形式，无法达到案例教学的目的和应有的效果。

## （四）案例教学的支撑条件不足

案例教学的支撑条件包括软硬件条件。软件条件主要是为教师开展案例教学的激励机制，硬件条件主要是保证案例教学效果所需的场地、设备、资金等资源。由于本科公共管理教学没有设置针对案例教学与开发的评价指标，因此多数院校在公共管理案例教学的软硬件支持上都较为缺乏。一方面，教师进行案例教学的工作量较传统教学大很多，但这些工作量并没有配套的激励机制，一定程度上影响了教师进行案例教学的积极性；另一方面，案例教学注重学生讨论，也会需要运用角色扮演、情景设计等教学模式，因此，面积合适、座椅设置灵活、多媒体设施齐全的场地会有利于案例课程的开展。不过，这些硬件设施在本科院校公共管理专业中的配套不足。

## 四、本科公共管理案例教学实践改革的建议

由上可知，只有主客体的互相配合以及多环节的良好衔接才能取得案例教学应有的效果，本科公共管理案例教学实践改革将是一项系统的工作，以下是一些可行的改革建议：

### （一）发挥教师主体角色

1. 明确公共管理案例教学理念

公共管理领域的案例不同于法律、医学、商业领域中的案例，其公共性特征明显，因此，首先，教师需要具有扎实的公共管理理论素养以及公共精神才能优选出具有公共性的公共管理案例，而不至于因管理共性而用工商管理案例取而代之。其次，教师要正确理解案例教学的意义，明确本科公共管理案例教学是作为理论知识的理解运用、提升学生问题意识与学习兴趣的教学方法，不应简单地等同于用案例说明理论的例证式教学手段。

2. 案例的选择与编写

案例素材要符合本科教学对象的需要，具有本土性、时效性，因此，教师在选择案例时应充分考虑教学对象与教学需要，必要时亲自进行案例编写。教学案例的来源主要有三种，其一，从现有的案例集中选择而来，由于案例集的案例针对性不强，使用时教师需注意不要完全照搬，必要时可补充更新相应的资料。其二，教师自己搜集新闻素材，进行资料汇编，提炼主题与问题；这种方法需要教师及时关注公共管理实践领域的动态，对教师文献资料收集整理能力有较高要求。其三，教师亲自调查研究，编写案例素材，尽管这种方法对教师理论功底、调研能力与写作功底均有较高要求，却是非常好的一种获取本土具时效性的案例素材的方法。不过，后两种方法需要教师付出较多的时间与精力，因此，对于教师而言，案例的编写将是一个不断积累的过程。

3. 规范案例教学过程

在优选案例的基础上，认真编写案例教学手册，对于案例本身和案例教学活动都非常重要。案例教学手册内容主要包括课前准备、适用对象和课程、教学目标、要点分析、课堂安排五个方面。通过案例教学手册，教师对整个教学过程进行完整设计，这是案例教学成功的重要步骤。案例课堂的实施过程中，教师的主体地位不能缺失，需要引导学生对案例背景加以熟悉，帮助学生将零散的理论与案例结合，从而搭建出理论框架，并在学生自由平等地讨论结束后进行总结。

最后完成案例教学后应该进行教学效果的评估，对案例选择、案例运用、案例效果进行综合评估，以便总结经验逐步提升教师案例教学的能力水平①。

## （二）提升学生参与水平

案例教学本身较传统的教学方法更容易调动学生的积极性。就案例教学实践而言，如果案例是学生感兴趣的，比如热点事件、能引发学生共鸣的社会问题、学生的实践经历等，案例分析讨论的过程往往较为热烈，能把学生的主动性调动起来。由此可见，鼓励学生自主参与最好的方法就是让学生能贴近案例。MPA 学员通常有工作经验，因此，案例教学效果较好。尽管公共管理本科生缺少工作经历，但也可以通过实地调研进而获得直接的体验和一手资料。因此，对于本科公共管理案例教学而言，在常用的布置案例—分组讨论—课堂交流—总结评价的案例教学模式中，主动设计参与式案例教学，可以充分增强学生的参与意识。

参与式案例教学可以由教师带领学生参与社会调研，也可以由学生自己组队参与社会实践，获取了第一手资料后，进行案例编写，教师引导课堂讨论，进而完成案例教学过程。经过参与式案例教学过程的锻炼，学生不仅能获得实践经验，还能锻炼组织能力、决策能力、分析解决问题的能力，提升参与度与主体意识。

① 段鑫星，刘蕾编著：《公共管理案例教学的理论与实践》，中国矿业大学出版社，2015 年版，第 48–81 页。

## （三）软硬件设施配套

1. 软件配套

（1）鼓励案例开发的机制。由于教师进行案例编写会花费大量的时间和精力，如果没有配套的激励措施，教师们较难为了上好几节案例教学课而进行案例编写。因此，为激励教师的案例开发工作，院系需要设计相关激励机制，认可教师的案例编写工作量，鼓励教师将实践调研与案例开发相结合，支持教师参与案例开发培训，并给予经费支持。

（2）组建案例库。公共管理本科院系也应组建案例库，呼吁师生进行案例研究开发，对于入库案例给予奖金鼓励；还可向案例库建设良好的高校交流学习，甚至洽谈合作共同开发案例库。

（3）鼓励教学改革。积极支持教师教学立项，鼓励教师可以项目形式带动案例开发与案例教学改革。

2. 硬件配套

建立案例教学实验室。为案例教学提供必要场地，并配备符合案例教学需要的设施设备，包括能灵活移动并适合小组工作的座椅，能进行案例视频剪接编辑播放的设备，能进行案例展示的投影及白板设施。为案例教学实验室配备管理员，专门辅助案例教学的开展，并进行专业化的案例素材编辑工作，以及负责案例库的建设。

## 参考文献：

［1］陈浩天．能力本位的参与式案例教学：缘起、过程、检视——基于公共管理专业人才培养的认知考察［J］．河北科技大学学报（社会科学版），2013（6）．

［2］程文浩．浅析案例教学在公共管理教育中的应用［J］．公共管理评论，2011（10）：135.

［3］崔树银．参与式案例教学在公共管理类课程教学中的应用［J］．现代教育科学，2010（4）．

［4］段鑫星，刘蕾编．公共管理案例教学的理论与实践［M］．徐州：中国矿业大学出版社，2015.

［5］康丽丽，唐庆鹏．案例教学热的冷思考——以公共管理类学科为例［J］．牡丹江大学学报，2016（1）．

# 行政管理专业学生法治素养的培育

吉海荣

**摘　要：**高校公共管理专业学生在未来工作中大多承担着公共事务领域领导者和管理者的工作，提高行政管理专业学生的法治素养意义重大。本专业法律类的课程设计应该针对行政管理专业学生的特点，以素质培育为中心，科学选择教学内容，加强学科间知识融通，通过多种学习途径和教学方法，提高学生应用法律知识的能力；并营造法治化的校友环境，树立法律信仰提升学生法律意识。

**关键词：**行政管理专业；法治素养；法学课程

公共管理学和法学分属不同的学科域，但二者在任何一个时期都表现出广泛而密切的联系，具有很强的互补性和融合性。一级学科公共管理下设本科阶段的行政管理专业，包含复杂的培养目标，对学生的要求甚高，它的核心在于研究政府的运作和政府对社会的管理，国家权力机关如何运用公共管理要素去有效地行使公权力。其目的在于提升行政管理效果，提高行政管理效率；在强调效率与结果的管理学中，更包含着对公平、正义与秩序的价值追求；行政管理者行使权力受到刚性的社会规范——法律的引导和制约，同时也需要在其他各种因素的影响下柔性地运用法律法规进行管理，在具体环境中产生的政策和规定需经得起法律的检验，同时政策也丰富法律理论和实践的发展。行政管理专业知识结构由政治学、管理学、法学等三大部分组成。我校行政管理专业法学部分的课程由专业基础课“宪法学”“行政法学”与选修课“劳动与社会保障法”“经济法”组成。法治素养的培养是一个课堂内外共同作用的过程，至少包括法律知识，法律能力和法律信仰三个层面的素质，下面结合笔者所授课程，从这三个层面谈谈行政管理专业学生法治素养的培育。

## 一、掌握法律知识是法治素养培育的基础

“宪法”与“行政法”两门必修课，担负着培养本专业学生最相关最基本法律知识的重任。由于专业培养目标的不同，对行政管理专业学生进行宪法与行政法教学，与法学专业学生的要求是不一样的，行政管理专业学生在未来工作中大多承担着公共事务领域领导者和管理者的工作，他们法治素养培育的重点是对法治意识的养成；因而，对法律知识的掌握主要在于对法律原则的理解，对重要制度的掌握，能够往正确的方向理解和解释法律；而不在于对全体规范的认知和具体条文的精心研读。事实上，从课时配置看，也必须对课程内容作出正确取舍才有可能实现培养行政管理专业学生的法治观这一重要培养目标。

### （一）课堂内容的选择

对“宪法学”课程的处理应当采用去繁取精的方式。重点以法学方法解析宪法渊源和宪法规范国，结合宪法性社会事件，用法教义学方法分析宪法权利在我国的实践与法治，并讨论违宪审查制度。而对于国家基本制度和国家机构，学生从小至今一直在学习，并且在“中外政治制度”等其他政治类课程中多有重复的内容，完全可以舍去。需要注意的是，法学具有严谨的学科体系和方法体系，法理学是本学科的思维方法的基础，但行政管理专业不可能再开设“法理学”这门课程，学生们虽然都修习了“法律基础和思想道德修养”课程，从任课班级调查结果来看，也未从中获得足够的法学基础；所以我认为，为了便于学生融会贯通，有体系地学习，在讲授宪法基本理论时可适当地补充法理学的知识和方法。

而行政法与宪法在司法实践中的情况不同，行政法案近几年呈迅猛增长态势，在学术界“行政法学”也稳居显学地位，适用性非常强，素材丰富，学生也很有兴趣。在内容的处理上，应当结合行政管理专业特征，从有助于进行学科知识联系、融会贯通所学、内化为自己有机知识体系的角度考虑。应当讲清基本理论，弄明白抽象行政行为生成的法律过程，并以现有法规范支撑许可、处罚、强制等几个重点的具体行政行为，在救济部分重点讲行政复议，以复议带诉讼。行政法还有一个特征是伴随着行政管

理的发展而发展的，事实上它基于行政管理又滞后于行政管理，这对行政管理专业的学生来说是一个优势，所以课程内容涉及一些新行政管理理论与实践对行政法的影响，将法学知识与其他课程所学知识联系起来。学科的划分来源于人为的设置，但划分本身却不是目的，仅仅是方便快速地理解掌握；一个人的知识体系往往是“跨学科”的，一个人的各种观念也不会仅来源于某一类知识。因此，在“行政法”教学过程中，我们也必须与学生的其他知识，与行政管理专业其他课程知识相联系，比如与行政学、公共管理学密不可分。通过法学知识与其他专业知识的联系，将法治观念等渗透到行政管理专业学生整个知识体系之中，形成对法治的真正信仰。

### （二）隐性课程的辅助

隐性教育被认为是美国教育学家杰克逊（P. W. Jackson）在1968年出版的《班级生活》（*life in classroom*）一书中首先提出的，称之为“隐性课程”。我国出版的《教育大辞典》对其下的定义是：学校政策及课程计划中未明确规定的、非正式和无意识的学校学习经验，与“显性课程”相对。如果说显性课程是学校教育中有计划、有组织地实施的正式课程（formal curriculum）或官方课程（office curriculum）的话，那么隐性课程则是学生在学习环境中所学习到的非预期的或非计划的知识、价值观念、规范和态度等。隐性教育是针对显性的课堂教育而言的，是指在宏观主导下通过内隐的、间接的方式对受教育者产生积极的影响。隐性课程对行政管理专业学生的法治素养培育有着重要的意义。行政管理专业学生法律课程设置有限，不能满足学生的需要，隐性课程使大学生需要掌握的法律知识不单单出现在课堂中，而是渗透到生活中，特别是校园生活中。比如通过在校园中设置专门的法律宣传栏，在校园广播中增设法制专题节目，在学生社团活动中增加与法律有关的内容或直接举办以法律为主题的辩论会、读书会等，通过话剧、小品、相声、舞台剧等文艺活动形式模拟法律生活，将法律知识融入文娱表演之中。如此，大学生在日常生活中经常接触法律知识，可以弥补课堂教学的不足。而这种接触具有非强制性、隐蔽性的特点，受教育者可以在潜移默化中一点一滴地积累法律知识，效果比课堂的灌输要好。

## 二、提升法律能力是法治素养培育的核心

现代高等教育是要使大学生从知识拥有者转向知识践行者，促进大学生学会运用知识分析解决实际问题。法律作为一门实用性非常强的学科，法治素养的获得，必须通过增强大学生守法用法、护法的能力来达到。而要想获得这种效果，不仅要在课时有限的课堂上以方法创新培养能力，更应该经过法律实践训练提升能力。

### （一）实践性教学。

我校行政管理专业，与法学专业共处同一学院，有充足的条件就地取材，利用法学专业模拟法庭和法律诊所这样的实验设施。从模拟法庭组织和效果来看，没有充足的法律知识一样可以开展模拟法庭教学，学生一旦有热情，主动去习得知识没有任何障碍，老师跟踪指导，随时提供咨询和答疑解惑，整个准备的过程就是学习和锻炼能力的过程，庭审中还会暴露许多问题，这些问题生动形象地展现在学生面前，把它们一一弄明白的过程就是一个深刻的知识获取和能力提升的过程。

就我校而言，如果能从学院层打通，将社会微治理、法律诊所（法律援助中心）和社工家园整合到一起，融通三个专业的资源和学生，形成一个拟态的社会治理体系，那么对于学生来说无疑是一个最好的实践平台。退而求其次，行政管理专业的学生不能独立接处法律个案，不能单独开展法律诊所教学，可以在旁辅助法学学生处理，或者为求助案件提供法律之外的解决对策。遗憾的是，目前我院三个专业基本没什么交融，学生也是不相往来的。

### （二）体验性教育

在课堂教学中，我们注意到体验对学习的帮助，通过“寻找身边的行政法”这份作业，让同学们发现并分析自己身边的案例，教师从中选出一些具有代表性的案例作教学讨论之用。而体验教育主要是为了增强大学生的守法能力，通过组织学生到法庭、律师事务所、看守所、监狱等单位观摩体验，在一个规范的场所亲临法律变现的过程，比在课堂上听老师讲授

效果要强烈得多。一次有效的观摩，学生可以了解法律规范如何被解释适用，案件的审理如何随法律逻辑演进，现实的司法和理想的司法之间是否存在差异等等。听犯罪人员现身说法，使学生对法律产生敬畏，对“违法必究”有一个直观的认识。大学生很容易从身份具有代入感的违纪者身上了解社会，更容易通过他们的失控认识到违反法纪的后果，不仅有助于学生约束自己的行为，更会让学生思考社会问题，更全面地认识社会的多面性与复杂性，检测和反思自己课堂上学到的知识，更客观理性地面对问题，有自己独立的思考。

要完成这样的教学活动，同样需要整合学院资源，更需要学校有灵活的课程处理机制、简便科学的审批和评价体制。

### （三）项目式教学

项目式教学法来源于建构主义学习理论，改变了传统的“以教师讲授为主”的教学模式，强调发挥学生主观能动性，把理论知识和实践互相结合，使学生加深对所学课程的理解并把理论知识运用到现实中去。其教学模式以学生为中心，教师在整个教学过程中起组织和引导的作用，利用情境、协作、会话等学习环境要素，充分发挥学生的学习主动性、积极性和动手能力，使学生有效地理解所学知识的意义。项目式教学的组织过程：首先，教师选定相关项目，项目可以从教师科研中来，也可以是专门为教学目标设定的项目；随后，老师必须对项目进行细致剖析，将项目目的、意义，操作方式等阐明，应该注重与学生之间的交流和沟通。其次，组织团队，明确评价方法与标准。为了督促每个学生都参与而受益，可以让学生自由组合，组员互评，组长综合评价组员，老师评价组长，并对整组成绩进行评分，在这个过程中确保投诉机制畅通。再次，过程指导，指导学生通过收集信息，制订研究计划，带领学生开展调研活动，撰写调研报告或小论文。最后，组织成果展示和结项评价。在这个过程中，教师作为引导者引导学生结合理论知识实施项目，而学生作为这个过程的主体，参与了实际项目的分析、实现等过程，在完成任务的过程中不断发现问题并解决问题。项目教学法可以有效发挥学生的学习主动性，并且能够加深学生对所学知识的印象，改变以往为考试而背书的机械模式。在行政法的教学过程中，组织学生运用理论知识对东莞的行政执法现状做项目研究，学生积极性很高，也不怕辛苦，而且认为真正学到了东西；可问题是目前这种方式无法纳入既有的教学体系之中，名不正言不顺，只能课外进行，极少数人参与。

## 三、强化法律意识是法治素养培育的灵魂

法律是否被信仰是判断法律意识有无的关键，法治素养的获得与否，最终应该从主体是否自觉地将法律作为生活工作的准则加以遵循和信赖来加以判断；可见，法治素养的培养不是靠教学教育就能完成的，它是一点一滴地在生活中累积的。所以，要培养具有法治素养的学生，就应当有一个法治化的学习和生活环境，让学生在习惯中树立法律信仰。

### （一）用法律知识解读社会事件

行政管理专业的学生对专业认同度低，许多人学了四年也没搞清楚自己的专业是干什么的，在于法学和社工专业共处一院，又被轻视的情况下，更丧失专业自信，对行政管理在服务型政府建设、社会治理过程中理应承担的智力支持角色和重任没有足够的认识。学生普遍关注社会问题，这里倡导用法律知识解读社会事件，并不是让行政管理专业的学生去和法学专业的同学进行竞争，而是希望行政管理专业的同学在看到他人用法律知识评论社会热点问题的时候，自己能对这种评论有一个正确的判断，甚至是批判性的判断；同时，用公共管理理论知识去建构自己的评论体系，而不是单纯地认为，法学知识更实用，而自己的专业没有用。当然这一切都建立在对法律知识的正确理解上，应该认识到法律是解决社会问题的一种重要方式，但并不是全部。

### （二）院系管理践行法治与公正

学生管理，特别是涉及学生切身利益的管理活动，比如评先评优评定奖学金，乃至班级管理工作中，倡导权利本位，鼓励民主协商、依法办事的法治主义精神，要有规则意识，建立并遵循规则。学院和老师应当为学生提供一个公平的学习和竞争环境。潜移默化地提升学生的法治素养。同时鼓励学生参与到自我管理和班级管理中来。

### （三）学校管理法治化

法律信仰是法治的灵魂，是法治的必要条件。信仰的建立需要示范。有许多行政管理专业的同学在校内勤工俭学或实习，而每个同学都感受着学校的管理，学生会从公共管理的视角去评判学校管理，管理者、执法者一次不法行为，足以动摇学生的法律信仰。学校承担着法治文化建设的重要任务，不仅应该加强法治教育，更应用法治思维处理和解决问题，推进学校治理的法治化。学校应当依法依规来处理学校和学生以及师生之间的关系，遵循法治，反对人治，反对权力至上，在矛盾和利益冲突处理上，信仰司法公信力，反对不服从既判力。依法治校意味着学校治理从行政思维和方式向法治思维和方式的根本转变，这需要从学校日常管理的每个细节入手，让法治成为一种习惯和必然，让每一个受教育者和教育工作者在学校管理中都能直接感受到法治的力量，营造一个法制的校园环境，让学生在价值观形成的关键时期形成法治信仰。

在教育理论和实践中，不应只看到行政管理和法学在技能和规范、权利义务内容的向性以及实施上强制与否的差别，更应看到，在管理学，包括行政管理学和法学之间早已呈现出相互包容借鉴、相互交叉和渗透的现象。我校在这方面更具优势，行政管理专业右可汲法学资源，左可通社工专业。这种共存与融通更佐证了行政管理与法治之间的内在价值关联，不仅证明了行政管理专业学生法治素养培育的重要性，更为这项培育提供了知识，能力和意识三大要素实现条件。

# 论法律人才的修养

## ——以各高校专业人才培养目标为切入点

吴尚欣

**摘　要：**探讨法律人才的修养，其有诸多的考量标准。文章以各高校专业人才培养目标作为探讨的切入点，是由于其具备科学性与合理性，可以为法律人才的修养勾勒一幅愿景，并可以使其真正落到实处。此外，由于市场对法律人才的需求不是单一的，是多层次、多方面的，所以各高校结合客观实际以及自身办学定位设定的法律专业人才培养目标具有差异性，因此，法律人才的修养即法律人才的综合素质也会有不同的要求。

**关键词：**法律人才；修养；综合素质；人才培养目标

## 一、专业人才培养目标的含义

专业人才培养目标是对"本专业培养什么样的人才"的理性思考和周密设计，即办学者立足于自身的办学层次和办学定位，基于社会人才培养需求和学生职业生涯可持续发展需要而设定的，试图通过系统化的教育教学活动实现的，对学生在毕业后5年左右能够达到的职业水平和个人发展成就的总体描述[1]。具有指引性、主观性、稳定性、差异性等特点。

专业人才培养目标具有指引性。它清晰地指明了专业办学的方向，明确了不同专业要致力于培养什么样的人才，进而明确课程设置和授课教师的教学安排，以及指引教学方法、教学资源的优化，从而推进专业人才目标的实现。

专业人才培养目标具有主观性。专业人才培养目标是办学者基于对办学层次的认知、办学定位的判断、人才培养需求的调研、对毕业生未来职业发展需要以及对办学条件等因素主观分析而设定的。

专业人才培养目标具有稳定性。专业人才培养目标是引领专业办学实践的旗帜，必须保持相对的稳定性。这就要求办学者全面考量各种因素，认真分析、审慎判断，确保专业人才培养目标的科学性、实证性和务实型，不可使其成为徒有其表的空中楼阁。

专业人才培养目标具有差异性。不同的高校所处的办学层次不同，承担的办学使命不同，专业人才培养目标也不同。办学者应该首先搞清楚，应该做什么，能够做什么，进而明确究竟做什么，应该怎么做。“做力所能及之事，育力之所能及之人”。

## 二、以专业人才培养目标作为切入点的原因

法律人才的修养，即法律人才的综合素质，有着诸多不同的考量标准。有的学者总结过三点：法律学问、社会常识和法律道德，有的学者在此基础上增加历史的眼光，也有的学者更强调中国法治之所需。我认为，这些观点均有其合理之处，但过于笼统，且社会对于法律人才的需求是多层次、多方面的，既需要卓越的法律人才，也需要合格的法律人才，同时也需要更多献身于基层、服务于基层的基层法律人才。之所以以专业人才培养目标作为切入点，有以下理由：其一，由于各高校的办学层次和承担的办学使命不同，专业人才培养目标具有差异性，从而使各高校培育不同层次的法律人才，以满足社会对法律人才多层次多方面的需求。其二，专业人才培养目标是办学者综合全面考量各种因素、认真分析、审慎判断设定的。办学者在遵循高等教育教学基本规律的前提下，通过考量市场对法律人才的需求、学生的职业发展规划以及毕业生的就业方向情况等因素，结合权衡自身办学定位最终设定了专业人才目标，所以其是符合客观实际的，具有科学性。其三，专业人才培养目标具有稳定性，不会朝令夕改，在保持与时俱进的前提下，作为引领法律专业办学实践的旗帜，保持相对的稳定性是非常重要的，可以使师生信赖方向、坚定方向而不内心动摇。其四，专业人才培养目标具有指引性，为法律专业人才培养目标勾勒了一幅美好的职业发展前景，从而给师生指引了奋斗的方向。在办学者们科学地统筹规划下，目标可以被细化并得到落实，在务实性的同时，激励师生共同努力、不懈奋斗，使目标得以实现，可以达到真正落到实处而不只是

纸上谈兵的效果。因此，以各高校专业人才培养目标作为切入点即作为考量标准就有其科学性与合理性。以下通过对“985”高校、地方本科院校的法律专业人才培养目标的分析，来探讨法律人才的修养，即探讨法律人才的综合素质。

## 三、地方本科院校的人才培养目标

地方本科院校基于自身的办学层次和办学实际以及社会的需求，应以培养“厚德明法、通情晓理”综合素养突出的创新型应用型基层法律人才为目标[1]。

厚德：敦厚的社会道德和职业道德。“才者，德之资也；德者，才之帅也。”这句话精辟地揭示了德与才的辩证关系。“德为立身之本”，社会道德是人们在社会交往和公共生活中普遍遵循的行为准则，而职业道德是所有从业人员在职业活动中应该遵循的行为准则。若违背了社会道德和职业道德，轻则会为人所不齿、落人闲话而心怀不安，重则“如同过街老鼠人人喊打”，进而在社会无立足之地。所以，道德敦厚应该是地方本科院校法学专业人才培养的首要目标。

明法：理解并认同社会主义法治理念，具备扎实的法律知识功底，法律知识体系化，理解每个法条背后所要保护的利益即理解立法目的，这是法律专业的要求，是不能打折扣的。

通情：通晓我国的国情、社情与民情。要关注时事与热点新闻，与时俱进。通过数据显示，地方本科院校法学专业学生的主要毕业走向是市（县、区）及以下法律实务部门、律师事务所、企事业单位等，毕业生从事的主要是基层法治实践工作，工作对象主要是普通人民群众。有过基层法治实践工作经历的人都深有体会，在基层社会实施法律，不能不顾及中国特殊的国情、社情与民情。如果不充分考虑这些外部环境因素，基层法治实践工作就会步履维艰。

晓理：熟知中国传统情理和基层民众的礼俗习惯。众所周知，当下中国法律在很大程度上融贯了西方法律精神，例如程序正义。中国古代法律则不同，它是与情理、道德、礼俗混融难分的，这一点在中国当下基层社会仍然有十分明显的表现。基层民众熟知传统情理道德和礼俗习惯，久已认可和接受其中的生活道理，而对于承载外来精神文化的法律，他们是相对陌生的，而且有些时候，法律实施的结果往往与他们秉承的生活道理大相径庭。在基层工作环境中，法律人唯法是从，不顾及传统情理和礼俗，常常是行不通的。

应用型：要能学以致用，“纸上得来终觉浅，绝知此事要躬行”。要能把学到的法律知识具体用于解决法律实践中的问题，要做到以下两点：一是要具备从事基层法治实践工作所必需的法律实践能力；二是要熟悉基层社会的生活环境和文化环境，熟知基层民众的传统礼俗习惯和生存道理，了解基层民众的思想感情和心理行为特点，能够尊重其善良情感，具备在基层社会情理法交融碰撞的复杂环境中很好地实施国家法律的能力。

创新型：工作内容、工作方法、工作程序创新。“随着我国已经逐渐步入社会转型期；各种矛盾问题易发多发，各种利益诉求不断涌现，各种不稳定因素交织叠加，这些都使得基层社会治理面临的形势更加严峻复杂。”[2]基层法治实践工作大多与普通人民群众联系密切，很多工作看似简单却复杂棘手，如有时会面对情理道德与法律法规之间的抵牾——情理上应获同情，但根据法律却应予以制裁[3]；有时会深陷法律效果和社会效果不能两全的困境；有时会面临普通群众对于正常执法管理工作的误解甚至抵触；有时基层法治工作人员既需要充分照顾人民群众的善良情感，又需要严肃认真地维护法律的正确实施，而这两者往往又很难兼顾；有时既需要给群众讲清法律规定，又需要动之以情，晓之以理，这就要求基层法治工作人员具备较高的情商，善于换位思考，从而赢得群众的理解和支持。总之，基层法治实践工作的复杂性决定了基层法治工作人员必须既有担当又有智慧，能够耐心地创造性地开展工作，在确保法律正确实施的前提下，良好地照顾群众情感，平衡各方利益，争取获得令人满意的工作效果，从而提升基层社会管理的法治化水平，实现基层社会的和谐安定。

## 四、合格的法律人才应当具备的素质

合格的法律人才是处于基层法律人才与卓越法律人才之间的过渡阶段，而非我们平时所理解的“合格的”法律人才，类似职业法律人才。若合格的法律人才类似于职业法律人才，则基层法律人才类似于大众法律人才，卓越法律人才类似于精英法律人才[4]。此处简单介绍合格法律人才应当具备的素质：扎实的法律知识、良好的法律职业道德和法律职业实践能力。

扎实的法律知识：将抽象规范适用于具体事实以得出结论并论证之[5]。拥有丰富的法律知识，往来于各种类型的事实和法律规范之间并熟悉其间的对应关系，从而能够在一见到特定事实就产生对应于某种法律规范的本能和直觉，并形成解决问题的思路。但光有这种本能、直觉和思路还不够，还需要对这种本能和直觉所产生的结论进行论证，对你解决问题的思路用法律语言进行口头和书面的表述，且表述清晰流畅富有逻辑。

良好的法律职业道德：北宋司马光曾说“才德全尽谓之‘圣人’，才德兼亡谓之‘愚人’，德胜才谓之‘君子’，才胜德谓之‘小人’”。这句话精辟指出德才之间孰先孰后的关系。对于法律人而言，“法能”离不开“法德”，无良的律师、法官钻法律的空子、玩弄法律的危害，必然大于“非法律人”。以律师李庄被判伪造证据罪、妨害作证罪为例，他没有遵守法律和道德操守以致最终落得牢狱之灾，悔不当初也没有了意义，人生无法重来。因此，良好的法律职业道德是法律人应备品质的必备内容。

良好的法律职业实践能力：首先，无论是法官面对具体案件的裁判，还是检察院对于具体案件的法律监督，抑或是律师为了当事人的利益提供诉讼或非讼服务等，均需要具有良好的法律职业实践能力，以满足社会对法律人才的需求。其次，也应具备处理人际关系的能力，“世事明洞皆学问，人情练达即文章”。法律实践中，我们会接触到形形色色的人，知道如何与人打交道以及如何妥善正确处理好其间的关系，是法律人实践中的必经之路。

## 五、卓越法律人才应当具备的素质

2011 年，教育部、中央政法委员会发布了《关于实施卓越法律人才教育培养计划的若干意见》，提出要培养信念执着、品德优良、知识丰富、本领过硬的高素质法律人才。即“985”高校应致力于以培养卓越法律人才具备信念执着、品德优良、知识丰富、本领过硬等素质为目标。

### （一）信念执着

所谓“信念执著”，是从思想角度而言，卓越法律人才是中国特色社会主义法治的建设者和捍卫者，应当对中国特色社会主义法律体系有全面认识、深度理解，不断增强对中国特色社会主义法治建设的认同与自信。此外，也应自觉忠于党和国家、忠于人民和法律，立场正确并毫不动摇。唯有如此才能认清形势，明辨大是大非，永葆斗志昂扬的精神状态，从而挑重担、扛大梁，不辱使命。每个法律人，无论今后是否从事与法律相关的工作，都应深刻理解中国特色社会主义法治理念，使之内化于心、外化于行。

### （二）品德优良

“德才兼备、以德为先”，是我党选贤任能的重要导向，受到普遍认同。从事法律工作，经常与社会的黑暗面打交道，尤其需要品格高尚、德行良好，才能定力深厚、厚德载物。所谓“品德优良”，包括廉洁、正直、严明、诚信、富有爱心等，就法律人而言，还应当热爱法律、敬畏法律、有规则意识、作风严谨[6]。要热爱法律，兴趣是最好的老师，若你热爱法律，就会花心思、费精力去学习它钻研它，学有余力之时还可以完善并推动它的发展；要敬畏法律，法律的制裁是严酷冰冷的，若你触碰到法律的底线，你会为之付出轻则失财重则丧失自由乃至生命的代价，所以对待法律，绝不可心存侥幸或等闲视之，应心存敬畏。要有规则意识，手里紧握事实与证据两面旗帜，遵循“以事实为依据，以法律为准绳”的规则，而不可钻营舞弊利用法律漏洞为自己牟利，否则将落得最高人民法院原副院长黄松有、奚晓明枉法裁判最终落狱的下场。要作风严谨，即严肃、谨慎，法律人应当端正庄重、谨言慎行，须知“笔下有人命关天，笔下有财产万千，笔下有是非曲直，笔下有毁誉忠奸”，细节决定成败，稍有差错，便会毁人误己，故不可不严，不可不慎。

### （三）知识丰富

2011 年 12 月 23 日教育部、中央政法委员会发布了《关于实施卓越法律人才教育培养计划的若干意见》，提出“应用型、复合型法律职业人才”“涉外法律人才”以及“西部基层法律人才”三种分类教育培养模式。三种不同的教育培养模式，既表明了国家对卓越人才的需求方向，也表明了卓越法律人才的培养目标。

应用型、复合型法律职业人才。何为“应用型”，即能满足市场对法律职业人的要求，具有较强的法律实践能力。何为“复合型”，即掌握跨学科的基础知识，同时具有深厚系统化的法律学科知识。“应用型、复合型法律职业人才”即掌握跨学科的基础知识，同时具有扎实系统化的法律学科知识，并具有较强法律实践能力、能满足市场对法律职业人要求的法律人才。实践中较为常见的有法律+经济、法律+外语、法律+医疗、法律+金融、法律+管理、法律+心理学等专业或学科交叉型的法律人才。

涉外法律人才，是指即国际法律人才，熟谙不同国家的法律体系和知识架构、具有较好的外语功底、能够提供国际性法律服务的人才。知识产权律师、海事海商外贸律师、WTO 法律师、熟谙国际公法和国际组织法的律师，熟练掌握国际法院、国际仲裁规则和惯例的律师，目前这类涉外法律人才奇缺。以薛捍勤为代表的国际法院法官、以张月姣为代表的 WTO 上诉机构大法官、国际投资争端解决中心（ICSID）仲裁员等法律精英，正是涉外法律人才的最佳典范。

西部基层法律人才，作为法律人才的一类，倾向于实务型的法律人才，主要处理西部基层民众的法律问题，必须了解人民群众的需要，在少数民族聚居的地方还必须积累相关的民族文化知识，了解少数民族的特殊需求。同时，这类型的基层法律人才要对民族习惯法有所了解，在基层，有时“摆事实，讲道理”比生硬地适用法律更有效，基层的案件虽然绝大部分事实清楚，但是群众也注重“情理”，如何巧妙地处理基层群众的纠纷，也显示出西部基层法律人才的实务水平[7]。

## （四）本领过硬

知识丰富是本领过硬的重要条件，是基本功。所谓“本领过硬”，是指基本功扎实，具备较强的逻辑思辨能力、一流的口才和优秀的文书功底，且具备敏锐的洞察能力，善于倾听，批判创新，永葆卓越。

较强的逻辑思辨能力：思辨有条理，看问题能切中关键并科学剖析最终获得真理。能从同中看到异、从异中看到同，能从感性认识到理性认识，善于归纳和升华[6]。例如：从事应用法学等研究，能总结经验和教训，将有益的经验升华成观点，直至成为普遍的规则。

一流的口才：将思辨所得有条不紊地清晰表述，表述富有逻辑、富有条理、有理有据，能够切中要害与关键，受众易于理解接受。

优秀的文书功底：无论撰写裁判文书、律师诉讼文书、诉状、申请书还是撰写公证文书、仲裁文书、学术论文、调研报告，均行文流畅，能准确、逻辑缜密地表达自己的观点和思想，做到思想性和艺术性的完美统一。如果法院判决书中写“依照法律的相关规定判决如下”而未对事实和具体法律作详细分析阐述，必遭广泛诟病、难以服众。

敏锐的洞察能力：明察秋毫、细致入微，去伪存真，看到问题的关键和要害，从当下推导过去或准确预见事件未来走向。例如根据真人事件改编的《别对我撒谎》电视剧中，主人公通过对人的面部表情和身体动作的观察，来探测人们是否在撒谎来还原事件真相。

善于倾听：耐心地听取别人的倾诉，并从大量混乱、烦琐、晦涩的话语中获取有用的信息，也是一种重要能力，也是法律人的基本功，是减少工作失误的必要素质。

批判创新：保持对法律世界的“热烈和无偏见的探索精神”，发现问题，积极思考，大胆假设，小心求证，努力提出合理的解决方案，形成高质量的调研成果，以造福社会。

（作者系2015级法学卓越班学生）

**参考文献：**

[1] 陈伟，王敏．地方本科院校法学专业的人才培养目标［J］．教书育人，2017（30）．

[2] 刘爽．基层社会治理面临哪些突出难题［J］．人民论坛，2017（1）：70-71.

[3] 田文姬．基层社会治理如何化解情法冲突［J］．人民论坛，2016（11）：60-61.

[4] 薛刚凌．社会转型期——我们培养什么样的法律人才［J］．法学杂志，2011（4）．

[5] 李红海．统一司法考试与合格法律人才的培养及选拔．中国法学，2012（4）．

[6] 莫洪宪．论卓越法律人才的应有素质及其培养路径［J］．河南财经政法大学学报，2014（6）．

[7] 杨少燕．西部地区基层法律人才培养模式研究［J］．贵州师范大学学报．2014（1）．

# 关于我校人才培养目标与办学价值理念的几点思考

陈恺欣

**摘　要：** 随着经济的快速发展，社会上对高素质人才的需求越来越明显。东莞理工学院作为东莞的第一所省市共建普通本科院校，随着东莞对新兴工业化、经济和产业结构的转型，对人才在数量和质量上的需求发生了根本性的变化，对人才培养目标和办学价值理念提出了新要求。改革和改进课程建设，促进教学科研团队的建设，打造有特色的高水平应用型院校的文化与品牌是当下的发展方向和必由之路。

**关键词：** 应用型大学；办学理念；人才培养目标

自 2017 年 9 月广东省教育厅东莞理工学院签订协议、共建高水平理工科大学以来，促进理工科高校转型发展，直接服务地方经济社会发展、培养应用型技术技能型人才成为广东省对理工科大学的深化改革之一。我校作为应用型理工科大学，区别于教学型大学和研究型大学，是要求各专业紧密结合地方特色，注重学生的实践能力培养，以经济社会发展为导向，教学和科学研究以服务地方为宗旨，以培养适应经济社会发展需要的应用型人才为目标的新型大学。目前，国内对于高水平理工科大学没有明确的定义，但根据相关文献对理工科大学的研究来看，可概括为："理工科专业在人才培养目标定位上始终坚持精英教育理念，紧密跟踪国家社会经济与行业发展的需求，培养具有领军潜质的拔尖创新人才，满足建设创新型国家的需要。人才培养与科学研究、工程实践紧密结合，理论教学、实践教学和科研训练紧密结合，建立学术水平与教学水平兼备的师资队伍，以高水平科研促进高水平教学，是理工科专业人才培养的普遍特征。"

## 一、我校在课程建设、科研工作、办学目标与人才培养方面的现状

作为一所在改革开放大潮中诞生发展的地方院校，东莞理工学院有10年的专科发展历程，在市政府和社会各界的大力支持下，学校取得卓越的成就和质的飞跃，先后被评为“卓越工程师教育培养计划”实施高校、“广东省国际科技合作基地”、省市共建高水平理工科大学建设单位。但受到办学层次、办学历史的影响，尽管学校已经有部分专业第一批次招生，但学校在一定程度上仍存在教育模式和专业课程结构的不合理、科学研究及协同创新能力不够强、人才培养计划未能充分满足企业需求的情况。

### （一）课程建设

学校大力开展学科建设工作，围绕广东省战略性新兴产业、先进制造业发展的关键任务，以智能制造技术与工程为主攻方向，着力打造智能制造领域新型优势学科专业群，通过多年不断的努力，将多个专业打造成校级重点学科，并且化学工程、电路与系统、计算机应用技术、机械工程、环境工程等5个学科是广东省重点学科。

但在课程设计上仍存在以下问题：第一，未能充分体现“以学生为本”教学理念，作为接受教育的主体，学生处于被动接受课程设计的位置，目前教学大纲编制大多由教师完成，没有考虑学生的意见，这不利于改进课程教学和提高教学质量。第二，学科的交叉融合方面仍待完善。多学科交叉融合是创新的源泉，当今世界，学科前沿的重大突破和重大创新成果，大多是多学科交叉、融合和汇聚的结果。然而现有课程大纲大多仅仅专注于几个较为狭窄的领域，难以培养出多元化的复合型人才。第三，对教学大纲和课程设计存在轻视倾向。教学大纲的质量直接影响着教学质量和人才培养质量，因而决不能仅仅是流于形式的任务。然而学校对人才培养方案重视程度仍不够，以社会工作课程为例，大一与大二的课程设计缺乏系统性与逻辑性，导致明明应该大二才上的课程大一先上、上学期与下学期专业课程数目悬殊的局面，甚至有可能造成大学生修不够学分的窘境。第三，教学效果难以评定。教学效果一定程度上反映了课程设计是否

合理以及为如何改进提供方向和根据。排除教师内部可能有自身的考核机制这一做法，仅对学生而言，教学效果的评估并没有从学生这一视角进行了解与评定，仅有的针对教师的学生网上评价并没有涉及课程设计的问题，更别说这个评价本身的有效性。

### （二）科研工作

近来，学校积极开展科研工作，参与“科技东莞”工程，与西门子公司、华为公司、中国科学院高能物理研究所、中国科学院工程热物理研究所等国际知名企业、名牌大学、著名科研院所积极开展科研平台建设合作，现有省市级平台数十个，另建有校所联合实验室和校内科研机构。近三年，学校承担了国家“973”项目课题、“863”项目课题、国家自然科学基金重点项目等各级各类科研项目856项，立项经费4.4亿元，科研总经费达5.6亿元，并多次获得荣誉。

值得肯定的是学校重点学科带头取得突破，整体科研水平持续提升，同时，化学工程、电路与系统、计算机应用技术3个学科成为广东省优势重点学科，领先于同类同层次学校。但是与广州大学、佛山科学技术学院等省内同类高校相比，东莞理工学院成果转化有较大差距，承担科研项目所形成的能在实际应用中产生较大经济社会效益的成果不多，专利等科研成果转化存在明显差距，技术转让收入少。以2014年的科研指标数据进行横向比较，理工学院的省级重点平台比广州大学少了10个，与岭南师范大学持平，而理工学院的科研经费为7757万元，广州大学的科研经费为39 620万元，佛山科学技术学院为12 494万元。

东莞理工学院还缺乏在省内外有影响力的学科领军人物，国家级人才工程人选尚未取得突破，校内教师中按遴选办法完全符合学科带头人标准的数量过少。科研团队建设相对滞后，校级科研团队建设正在起步，省级及以上科技创新团队，尤其是跨学科研究团队的申报与建设亟待加强。

### （三）办学与人才培养目标

现今学校已经确立建设高水平应用型理工科大学的目标，校领导提出：“应用型大学的建设必须面向地方三大产业的人才需求，在当前东莞产业转型升级的新形势下，应该坚持依托地方，扎根地方，集中全校资源力量，优化内部治理的体制机制，大力推进校企、校校、国际合作对应用型人才的协同培养，这是东莞理工学院经过反复探索实践后选定的道路。”

学校以实施“卓越计划”为契机，结合开展人文实验班、创业精英班等人才培养模式探索，逐步形成了以能力培养为主，以知识、素质提升为要的人才培养体系，着力培养面向产业、面向一线、面向职场且具有明显实际应用能力的高素质人才，通过全方位的校企合作构建了人才协同培养的机制。

尽管学校一定程度上实现与地方政府、企事业单位或行业协会的对接合作，但根据笔者大一上学期针对物联网行业的企业调研情况来看，不少企业反映校企合作仍然有很大链接的空间，减少应届毕业生到企业后其专业知识难以应用而无所适从的状况，因此学校还必须在跟企业联系合作方面和产研学方面付出更大的努力。

## 二、基于现状作出的对人才培养目标和办学理念的思考

### （一）关于人才培养目标

1. 改革或完善校企合作模式，把理论落实到实践和科研上

要善于吸取以往校企合作的经验，在这基础上总结可以完善的地方。首先，学校可以建立集企业高层、行业代表、教师专家、省市政府于一体的教育咨询委员会，听取各方的意见和建议，切实解决有关学生培养的问题。其次，为让企业参与到人才培养的全过程，学校可以聘请企业技术人员到学校给学生们开展课堂教学或讲座分享，拉近学生与企业的距离，提前了解企业需要什么类型的人才。再次，学习北京航空航天大学能源与动力工程学院创建的针对两类创新人才培养的“零起点、分阶次”科研训练体系。包括面向学生基本创新素质培养的“零起点”科研训练体系、侧重原始创新能力培养的“学术型人才”科研训练体系以及侧重吸收消化再创新与集成创新能力培养的“技术型人才”科研训练体系。也就是说，通过科研实践的机会，加强大学生的实践能力与创新精神的培养，增加和丰富各种学科竞赛和科研比赛，让大学生把专业知识落实到实践和科研上。

2. 优化人才培养方案，以应用型人才培养为目标，构建立体化人才培养模式

全面而明确的人才培养目标对于专业的系统性、合理性开设有着重要

的指导意义，因而全校师生必须重视起人才培养方案的制订与落实。这就要求学校打造一个学生可以参与设计的平台，把学生合理的意见作为考虑的方向之一，也要把学校实际人才需求、企业生产需求、社会对人才的需求考虑进去，借鉴同类高校的方式，在充分调研和听取专家意见的情况下，对人才培养计划进行深度改革，加强对本土化、立体化的创新人才的培养，以适应地方经济的发展。

### （二）关于办学价值理念

办学理念是学校的灵魂，包括办学宗旨、办学目标、办学策略，作为一所应用型地方院校，首先应该认清自己的定位，要开展大量研究教育教学规律，按教育教学规律决策办事；组建学校智囊机构，开展学院宏观政策研究，准确认识自身状况，为学校凝练办学理念提供依据。其次，要立足“地方性”这一特点，实实在在服务地方社会经济。省市共建，投资35个亿打造高水平理工科大学，意味着我们要把35个亿用在刀刃上，对地方进行实地调研以了解人才类型与特点的需求，以反馈于学校高素质人才的培养上。再次，必须不断加强产研学结合，以地方产业为依托，与地方行业或企业开展形式多样的产学研合作教育，提升校企合作的广度和深度。

## 三、对学校现存制度和现状的反思

其一，自2016年城湖校区学生安置改革实施后，莞城校区的环境建设得到了学校的大力支持，校园跑道得到了很好的修缮。然而承诺整改的游泳池至今仍没有动工，游泳作为一项温和的体育运动，对于人体的生理和心理健康有很大的帮助，因此，学校不能轻视游泳池的整改工作，并且需要把它提到日程上。

其二，这个月发生了一起卓越班学生由于心理问题而坠楼的事件，这在一定程度上说明学校的心理辅导工作仍有待完善的工作，毕竟人命关天，希望学校能够完善学生心理疏导的发现与处理机制，不能光靠做个心理问卷调查就完事，还必须加强与各班心理委员的联系，及时排查有可能发生的险情，并且加大心理咨询师咨询的方式与联系方式的宣传力度。

其三，常年驻校的校医室是很多学生看小病的首选，然而近来针对校医室医务人员态度和药品成效问题，越来越多的学生有病也不愿意去校医室就诊，无形中加重了学生的经济负担和压力。对此，学校必须加强对医务人员的管理工作，对医务人员的绩效考核中应加入学生的意见，让校医室工作人员不再态度冷漠。

其四，这个月发生了一起校内宿舍天花板坠落的事件，引起同学们的高度重视。尽管学校方面及时跟进和妥善处理后续工作，然而一个不争的事实是，学校没有做好预防工作，没有提早做好宿舍排险工作。不只有天花板坠落问题，还有老鼠成群的卫生问题也是亟待学校解决。希望学校有关部门能多到宿舍环境走走，实地调研，该修缮的就修缮，该整改的就整改，为学生排除生活学习环境的安全隐患，给学生一片舒适的净土，这样才是培养高素质人才的开端。

## 四、结　　语

随着东莞经济的发展与产业转型，我校必将发挥越来越重要的角色，地方的繁荣离不开高校的人才流动；同样，高校的人才培养离不开学校各种体制作盔甲、办学理念作后盾，人才培养模式作武器，因此，加快我校建设高水平理工科大学，为东莞本土输入更多高水平人才是我们任重而道远的持久目标。

（作者系 2015 级社会工作 2 班学生）

# “知行合一　立德树人”下的学与思

何婉祯

**摘　要：** 自我校提出“坚持知行合一、立德树人，着力培养适应现代产业发展需求，勇于担当、善于学习、敢于超越的高素质应用型创新人才”的人才培养目标以来，学校在各个方面不断推行改革与创新，作为学生，在这培养目标推进的过程中亦有所启发、有所思考。

**关键词：** 知行合一；培养目标；改革

在2017年3月15日开展“知行合一立德树人”的教育教学大讨论的动员会以来，我校就高素质应用型创新人才培养目标的达成、课程建设、办学理念、办学特色培育、大学价值观与大学文化建设、教学观念更新、教育教学改革、管理创新、制度建设等问题开展了许多调查、研究和探讨。作为一名大二的学生，我也能深切地从我们身边的学术环境与学术氛围的变化中感受到学校对人才培养目标的重视。作为一名学生，我想从另一角度，来表达对“知行合一　立德树人”的学与思。

## 一、人才培养目标的个体实践：“学”

“坚持知行合一、立德树人，着力培养适应现代产业发展需求，勇于担当、善于学习、敢于超越的高素质应用型创新人才。”这是我校最新提出的人才培养目标，而我们，是这些目标的见证者，伴随着这些目标一同成长。早在2015年，正是我入学的那年，广东省委、省政府决定省市共建，五年投入35亿元，把东莞理工学院建设成为高水平理工科大学，为广东省和东莞市创新驱动发展提供人才保证、智力支持和科技支撑。此后学校便开始雷厉风行地为这一目标不断地铺路建设，让理想照进现实，同学们亦都有目共睹。

党委书记成洪波在教育教学大讨论上指出，在全校开展“知行合一 立德树人”教育教学大讨论，是深入学习贯彻习近平总书记系列重要讲话精神，进一步强化学校人才培养中心地位，全面提高教育教学质量的重要举措。我认为以上是从老师的视角看待这场教育“改革”。但从学生的角度出发，我们更看重的是如何在老师的指导下，真正地成为一个独立的知行合一、勇于担当、善于学习、敢于超越的高素质应用型创新人才。

因此，首先我想讨论的是，学生眼里的人才培养目标是什么样子的。“坚持知行合一、立德树人，着力培养适应现代产业发展需求，勇于担当、善于学习、敢于超越的高素质应用型创新人才。”这一段话，虽看起来有些许抽象，但是仔细将其与我校的目标“凝心聚力 坚定前行 全面加快高水平理工科大学建设”相对照，就会发现人才培养目标与我校建设目标正遥相呼应，二者就是路径和目标的关系，因此，也就不难理解这二者的概念了。从数学的维度来分析的话，整个东莞理工学院是一个大集合，而各个学院就是它的子集，而每个学生就是各个子集中的元素。而再从唯物辩证法中的质量互变规律的维度分析，若学校想要得到新突破，全面建成高水平理工科大学，即达到质变，首先应当要求学生自身提高学习能力，不断突破自身局限，积累个体元素的量变，正所谓“量变是质变的必要准备，质变是量变的必然结果”，一个个学生不断蜕变，终究会造成学校整体素质的质变。综合这两个维度，我也能理解为何我们学校如此看重这个培养目标了。

实际上，学校为了达成这一目标，已经付出了许多努力，不但拓展师资建设，而且大量引进外部先进资源，为学生创造良好的环境；但只做外部功夫的确是远远不够的，学校在不断为学生提供优质的资源，而学生却视若无睹，这样一来，那些外部的努力不就白费了吗？因此，我认为真正提高学生的各方面素质，即在内部通过思想教育来塑造学生，才是实行这场改革的关键。而这也是人才培养目标提出的本意。

知行合一，这是王阳明在贵阳书院所提出的思想，在“知之真切笃实处即是行，行之明觉精察处即是知”一句中，其核心思想就是知和行是统一的、不可分割的，是相互依存、相互促进的。其一，在王阳明看来，道德行为可以带动知识的探求，知识的探求又可以促进人们的道德行为。在现在，这一哲学观点不仅被赋予了道德伦理上的意义，而且在教育的层面上也蕴含着深刻的内涵。即在这个急需创新人才的时代下，“知行合一”的人才培养模式就是以“行”为基础，以“知”为指导，通过实践、认识、再实践、再认识，循环往复，不断创新教学模式；“知行合一”和创新培养理念就是知识学习与实践的有机融合，基本能力和创新精神共同养成。其二，在这个不断循环往复的学习与实践交替的过程中，我的确有种前所未有的感受，仅仅在书本上学习知识是不够的，更需要深化提升内在的学习能力及思想品行。在2017年的寒假，我们班很荣幸地被学校派去东莞本地的各个法院和律师事务所，所以早在大二，我们便有机会去了解法学实务，从整理案宗到起草法律文书，无论是在律师事务所还是法院，我们班的同学都在这个实习的过程中收获颇丰，也渐渐地对未来发展的方向有所规划。但最重要的是，在这个“行”与“知”的过程中，法务实践使我们不断萌生了许多对这个行业的新想法，像在思想上打开了个豁口，外界的新观点、新想法便像洪水般涌了进来。而立德树人的关键正在于知行合一，对学生来说，要了解知该“树”什么人，行要怎样“树”人。所以放在当代教育中，正如我们培养目标所说的，要树“人格独立、敢于担当、善于学习、敢于超越”之人。故此，“知行合一　立德树人”，二者相辅相成，也是对我校人才培养目标的总括。

而对比以上两点，“着力培养适应现代产业发展需求，勇于担当、善于学习、敢于超越的高素质应用型创新人才”则是对这两个“总括”所做出的细化而相对具体的解释。当今时代的巨浪将我们裹挟向前，不努力提升自身能力即会被迅速淘汰，湮没在人群之中。学校是读书育人之处，自然也期望从这里走出去的学子能在这四年的大学学习中培养一些除了专业知识以外的学习与道德品质。举例来说，对于我校的理工科学生来说，这正是一个最好的时代：2015年9月以来，引进双聘院士、特聘教授（院士）、教育部“长江学者”、中组部“千人计划”学者等首批五十余位高层次人才（团队），新增6个省级重点科研平台，启动建设广东省研究生联合培养基地（东莞），启动组建科技创新研究院，遴选、启动十余个学科科研重大项目，新建一批特色产业学院，一本招生取得重大突破，设立首个海外中心和人才工作站，实现了良好开局。在今年也同样战果累累，3月11日，东莞理工学院与360企业安全集团签约，共同建设360网络空间安全产业学院和360网络空间安全创新研究院。此次合作，将打造全国第一个网络安全学院和全省第一个网络安全人才基地。除此之外，我校还与法国国立工艺学院合作设立非独立法人的中外合作办学机构——东莞理工学院法国国立工艺学院联合学院”，这些都是令人为之振奋的消息。正是基于我校的目标的正确定位，即定位为“高水平理工科大学”，这一设想便迅速带动了整个学校的建设。以上也可看出学校为培养优秀的人才，全面提高学生素质所付出的努力。虽说学校目标定位为“高水平理工科大学”，但是“勇于担当，善于学习，敢于超越”这三种学习品质同样也值得我们文科生学习，学校亦同样为我们付出了同样的关注及爱护，法律与社会工作学院、经济与管理学院、文学与传媒学院、教育学院，这几个文科类的学院也同样开展了各种品牌活动，邀请了许多名家来学校讲学，为我们拓展思路。总而言之，在这个学校里无论是哪个专业，人才培养目标都在潜移默化中不断地渗透进我们的生活，推动我们的学习生活、学习风貌向更好的方向发展。通过这些举措，在一定程度上逐渐实现人才培养目标，这正是人才培养目标融汇于学校建设目标当中。

## 二、培养目标的后时代：“思”

人才培养目标是个大方向，是指引我们前进的方向，但这还只是概念层面的，要将这一宏愿实现，还需要技术层面的充实与拓展。这使我的思考陷入僵局，若到了推行培养目标的后时代，我们想做什么？我们又能做什么呢？首先要明确的就是“我们想做的”和“我们能做的”一定是有所区别的。就以我们当前的目标为例：当下我们既想让这个学校成为“高水平理工科大学”，又想同步使学生整体素质得到提升，路径有两种：从学校自身角度出发的改善以及同学们提高自身素质和学习能力，而我们实际上能做的也只是从学校自身层面改善以及通过举措让同学们被动地改善，却不能让同学们主动地、积极地去改变自己，结果自然收效甚微，这就间接导致学校的整体面貌也改善缓慢。因此，这次培养目标的行动最应该解决的核心问题之一是：如何使同学们主动积极地去提升自我素质？若能做到兼容学习层面的改善学术环境和学生自发提升素质，那么二者的相辅相成、互相影响的力量自然不容小觑。

首先，让我从学生的角度来看学校层面所需要进行的改善，提出以下建议：一是老师、各级校领导都多多参与到学生活动、学生生活中来，虽然老师和领导们事务繁忙，但若能参与到教学中来，多花时间和学生沟通，和学生们打成一片，那么潜移默化中也会灌输给每个同学以正确的价值观、人生观及世界观，以校风促学风，一定会有意外收获。二是寓教于乐，让学习变成“打怪升级”，一些同学们对学习的怠惰来源于他们的认知，认为学习的无趣和艰辛，如果课堂乐趣能改变他们的“刻板印象”，学风自然会有所改善。三是学校改进的重点依然是在于增强学校的综合实力，以改善生源；同时调整生源地区结构，东莞理工学院需要走出东莞，走出广东，而不应该单是“东莞人”的学校。

而站在学生角度反思学生群体自身，同学自身素质参差不齐，积极向上和消极怠惰也原因不一，部分同学怠于学习和思考的原因难以理解，但这也正是学校得以实现培养目标的一大重要突破口。依个人拙见，同学们之所以怠惰，根本原因在于没有明确的目标。我曾经在同一学院转过专业，所以对这两个专业都略有了解，因此就以法学与行政管理这两个专业为例加以分析。法学的同学普遍更重视学习，因为法学这一专业对口性强，有明确指明的就业方向，如法院、检察院、律师事务所、公司等单位，都是我们大多数法学生选择的就业范围，加以国家司法考试低通过率的压力之下，大家都自然而然地能清楚认识到方向，到了一定的时间，大部分同学一定会去努力；反观行政管理专业，部分同学仍在迷茫中徘徊，因为不知未来的路该往哪个方向走，一部分同学在迷茫中一次次探寻无果而感到心力交瘁，生怕努力投入在错误的方向而寸步难行，也不了解自己想要什么，索性放弃努力学习，这便是怠惰情绪的萌生。在莞工不到两年的时间里，我从行政管理专业转专业到了法学专业，再从法学专业转到了法学卓越班，经历了许多身边事物的流转，才逐渐从这些迷茫中走了出来，找到自己想要去的方向，才得以在这个基础上放心大胆地努力和奋斗，也算得上是“拨开云雾见天日，守得云开见月明”。因此，我想假借自己努力在两个专业中所体会到的经历来说明一个想法：大家因为缺乏对自身专业的深度认知，也缺乏对自己的认知，从而找不到自己的努力方向，便怠于学习。那么，学校就不妨从这个角度出发，多加改善，也提供一些机会给这些专业对口性不那么强的专业的同学去社会上实践，或许同学们也更能理解学校对同学们的付出。其次，我认为学校与学生之间的沟通渠道不够畅通，许多消息的传递不够及时，因此造成许多不必要的误解。作为学生中的一员，我认为我们自己应该多些对学校的宽容和理解，主动且平和地将想法向学校及时反映，建议学校改进工作，学校也尽可能地提高行政效率，加强信息公开和信息快速流通，二者保持定期频繁的沟通，长此以往，学校与学生之间就能建立起平等互信、互相尊重的关系，何乐而不为？

## 三、结　　语

不知不觉走进莞工校园的大门已快两年，大学时光已将过半，我从开始的不解与不甚满意，到如今的理解和以之为荣，莞工的蓬勃发展离不开所有莞工人的不懈努力，培养目标“知行合一　立德树人”的理念不应只是一个口号，而是应该永远根植于所有莞工人心中的一个情怀。在我校建校 25 周年之际，我想深情地对这片热土说一句：“生辰快乐。”只愿在这片热土上前行的莘莘学子，都能像杨振宁校长在石上所题的那样：“学而知不足。”在学习的路途上，但行好事，莫问前程。

（作者系 2015 级法学卓越班学生）

# “教育教学大讨论”
## ——关于学风建设之思考

陈柳桦

**摘　要：**学风是高校人才培养质量的重要标识，也是人才培养的重要手段。文章分析了学校学风问题的新特点及其产生的原因，并提出了进一步加强学风建设的措施。

**关键词：**教育；大学生；学风建设；

## 一、学风是人才培养目标和质量的重要标识也是培养人才的重要手段

学风是学习者在求知目的、治学态度、认识方法上长期形成的，具有一定的稳定性和持续性的精神倾向、心理特征及其外在表现。从广义上讲，学生的学习风气、教师的治学风气、学校的学习氛围都属学风的范畴；从狭义上讲，学风主要指学生学习目的、学习态度、学习行为的综合表现。就其存在而言，学风弥漫于无形，却可观察于有形；就其作用而言，学风不仅影响到当前的教学效果，影响到人才培养目标的实现，而且对学生能否成才都具有重要的不可忽视的作用。

### （一）学风是学习者治学态度的具体体现

学习者在学习中有无严谨求实的科学态度；在日常学习中是以滴水穿石的恒心深入钻研、寻根究底，还是急功近利，浅尝辄止；在前人的学说和成果面前是以破旧立新的勇气大胆质疑，寻求突破，还是惜守旧说，亦步亦趋；在已经取得的成绩面前是保持赤子之心、不骄不躁、谦虚诚实，还是沾沾自喜，止步不前；在学习集体中是以海纳百川的胸襟博采众长、切磋砥砺，还是自高自大、文人相轻。这一切不仅反映出学习者人格的优

劣、志向的远近，更关系到其能否最终成长为国家和民族的精英。

### （二）学风是学习者治学方法的具体体现

学习者有无科学合理的治学方法，是在深刻理解基础上融会贯通、举一反三、灵活运用，还是寻章摘句、引经据典、一知半解；是以创新为旨归注重批判与继承相结合，理论与实践相结合，还是拘泥于细枝末节的精确，热衷于术语、话语的新奇；是局限于抽象理论体系的把握，还是既注重于理论逻辑体系的构建，又致力于重大现实问题的解决。这不仅反映出学习者科学素养的高下、学术造诣的深浅，更关系到其创造能力的强弱和创新活动中的后发力强弱。

因此，培养优良学风是高等学校素质教育根本目的、人才培养核心目标与学习者综合素养的重要方面。

### （三）学风建设是一项长效工程

学风是学习者的世界观、方法论及相关心理素质发展到一定成熟阶段或者已经表现出稳定趋向时形成的。其发展过程虽然会有突变和飞跃，但更多的是渐进、累积的过程，是从量变到质变的过程。优良学风需要进行长时间的精心培育，来不得一时一事的松懈；而优良学风一旦形成，就可以使学习者获得根本性、方向性和长效性的做学问、做事、做人的精神指导和实践途径，使其受益终生。

### （四）学风是学校核心竞争力的重要内容之一

学风是师生在中表现出的一种可以强烈感受到的文化氛围，这种群体氛围是人才成长的不可或缺的生态环境。浓郁的学风可以借助集体意向对个人心理形成的积极影响，造成一种相互激励、相互促进的强烈气氛；可以利用精神力量的渗透、感染作用，给学生以潜移默化的影响和润物无声的熏陶；可以凭借群体行为对个体行为的约束、规范作用收到“蓬生麻中，不扶而直”的效果。这种小环境的积极影响，可以使学校各种教育活动功能放大，因此，学风又是人才培养的重要手段。

大学学风是大学最高理想和信念的体现，是凝聚全校师生员工的动力源泉。随着大学从社会边缘走向社会的中心，大学不仅是教学、科研中心，也日益成为传播和创造先进文化的中心。因此，大学学风不仅是社会风气的一个组成部分，同时也是影响社会文化的重要因素。建设优良的学风，不仅可以净化校园空气，还会作为推动社会先进文化发展的核心力量，对社会风气的改善产生积极影响。

综上所述，加强学风建设是大学赖以生存发展的基本任务，应该长期不懈地高度重视。

## 二、我校学风问题的新特点与成因分析

当代大学生思想活跃，视野开阔，志向远大，对获取新信息的渠道和媒体非常敏感，对新知识、新技术的了解和掌握异常迅速。然而，正像这种主要群体特征突出鲜明一样，较多学生学业失败现象已经使得界内外人士感到忧虑。除了诸如学习目标缺失、学习动力不足、学习纪律松懈、学习精力旁移等一直是老抱怨的问题外，我发现我们理工大学生学风问题表现出了许多新的特点：（1）涉及面比较宽。不同于以往学风问题多表现在少数学习习惯、学习成绩差的同学身上，现在学习懈怠的面更宽，一些成绩较好的同学也会不遵守课堂纪律，上课迟到甚至逃课、抄作业，平时不努力，考前靠突击甚至考试作弊。（2）干扰热点转移。以往学业失败多发生在热衷于谈恋爱、兼职挣钱的同学身上，现在挂科的原因大都是热衷于游戏、沉溺于网吧。（3）干扰前移。以往大四受就业影响整体学习纪律下降，现在不少低年级同学就因担心就业前景而影响学习热情，有的甚至无心向学。（4）师生双向不满。以往多是教师不满于学生的学习态度，现在一方面教师常常抱怨学生学习不努力；另一方面学生也在抱怨教师教学不尽心，甚至抱怨某些老师专业知识不过关。（5）心态矛盾加剧。感到竞争压力很大，又不愿刻苦学习，希望学校少管，自控能力较弱；主张自主学习，自学能力又弱。这些是我校学风建设面临的新课题。

产生以上问题的原因是多方面的，既有社会影响，也有学校原因；既有常规因素，也有社会转型和教育改革进程中的不利影响。这里从下面两个方面思考：

### （一）大学生学风问题令人反思教学与管理中的师生关系

从终身教育的角度和人类知识的发展来看，教师将越来越少地传递知

识，而要越来越多地激励思考；他将越来越成为一位顾问、一位交换意见的参加者、一位帮助发现矛盾观点而不是拿出现成真理的人。他必须集中更多的时间和精力去从事那些有效果和有创造性的活动，互相影响、讨论、激励，同时注重培养学生的判断力和责任感。然而，在当前高校中，辅导员、班主任往往忙于教学和其他行政事务多，投入学生思想工作的时间少；忙于应付各种活动多，主动关心学生学习和思想少。业务教师承受的科研、教学与进修压力都比较大，课后无暇与学生多作交流指导，甚至顾不上仔细批阅学生的小论文、大作业，抄袭的作业也能蒙混过关；不少教师仍因循于“满堂灌”“填鸭式”的教学方式，不能激发学生的学习兴趣和求知热情，有的甚至挫伤了学生的学习积极性；更有极少数教师存在责任心淡薄、履行职责不到位的情况，对学生到课情况不闻不问，对学生的作业不认真批改，对考场纪律管理不严，助长了不良学风的蔓延。

### （二）大学生学风问题折射出社会不良风气与应试性基础教育的一些弊端

在计划经济向市场经济转变的过程中，社会上拜金主义、享乐主义、功利主义、个人主义、诚信不足、情绪浮躁等不良风气流行甚广，在大学生的道德观念、价值取向方面也留下了深深的烙印。应试性基础教育使学生进入大学后表现出：（1）学习动机水平低。他们从小到大，考上大学就是奋斗目标，目标一旦实现，便在理想的真空中迷失了自己。由于成长的每一个阶梯都是由老师或家长为他们作选择，因此他们缺乏自我设计、自我规划能力，大学学习失去了新的动力。（2）学习方式不适应。进入大学后，不仅生活有个适应过程，教学上从以往老师“嚼烂了喂”到现在“师傅领进门，修行在个人”，不少同学不适应，有的甚至十分困难。（3）自控能力弱。中小学教育“他律”重于“自律”，学生的自制能力没有得到很好的发展，在大学宽松的教育模式下，不少同学明知不好好学习不行，但管不住自己，结果嬉戏无度，荒废了学业。（4）心理素质差。当代大学生在成长过程中，大都开的是顺风船，他们或很少遭遇失败，或在经历挫折时形成了不良的心理习惯，如逃避、推诿、自弃等，有的甚至在巨大的升学压力下已经有一些心理畸形，如封闭、抑郁、睡眠障碍等。因此，一旦学习上受挫，有时甚至是很小的挫折，有的人也会一蹶不振、自暴自弃。这些问题是应试性基础教育的一种滞后反映。

## 三、加强我校学风建设的设想

### （一）学风、教风、校风一起抓

学风建设不仅是学生管理部门和教学部门的常规工作，也是学校各级领导必须高度关注的重要工作；学风建设不仅是以学生为对象的工作，也应该是和教风乃至校风建设整合在一起的工作；学风建设不仅要抓考风、抓学习纪律这样一些环节，还关系到教学建设、校园文化建设等更加广泛的内容。只有全校齐抓共管、一以贯之、标本兼治，才能真正取得学风建设的实效。

### （二）健全组织、加强队伍、落到实处，完善学风建设工作体系

学校成立校学风建设领导小组，各院系成立院系学风建设领导小组。当前需要让教学水平较高，人生阅历丰富，学术造诣深厚，能够对学生的思想、学业、生活进行全面指导的教师担任低年级班主任或导师，重点帮助大学生顺利实现从中学到大学的过渡。要加强优良学风班和优良考风院系建设，关注学生的学习基础、学习习惯以及学业动态；要加强思想政治工作，进行理想信念教育，做好学生的思想工作和心理疏导工作。

### （三）加强基础管理，健全学风状况观测制度

学风培育离不开养成管理，要紧紧抓住日常管理中的四个“率”和四个人数，做好学风监测工作。四个“率”是：（1）学生上课出勤率。这是了解学生学习动态最直接的反映；（2）学生晚自修率，这是反映学生学习作业量和学习自觉性的重要依据；（3）学生作业上交率。这是了解教师是否布置作业、学生是否独立完成作业以及学生完成学习进度情况的重要环节；（4）考试不及格率，这是反映学习失败学生所占比例的最重要指标，常常和学风问题密切关。四个人数：（1）考试不及格、留级与退学人数，

这常常是学风较差的个体或群体：（2）作业抄袭人数和考试作弊人数，这是检验学生学习动机、学术品格乃至道德水平的重要指标；（3）学习成绩明显好转或学习成绩明显下降人数，无论是从群体还是从个体来说，都是观察学习风气转化的信号：（4）主动向教师质疑的人数，这是学生学习兴趣、学习主动性以及思维被激活程度的反映。在抓好日常管理的基础上，可用定期检查与不定期抽查相结合的办法，也可通过教师评学与学生评教来取得状况数据，使之得到较有效的监控，使学风建设更有针对性。

（作者系 2015 级法学卓越班学生）

# 高水平理工科大学人才培养工作刍议

## ——宏观建议与具体操作

张靖雯

高水平理工科大学建设及人才培育，实际上是对一所大学的完善，把它打造成一所更完善的大学，就如一块地已经筑基，只缺建设高楼大厦一样，需要注重华而实。

## 一、“华而实”的实施建议

### （一）华，则注重“内外”

高水平理工科大学的华，主要指两方面：其一，建筑、环境华丽；其二，书香气自华。建筑方面，需要有自己的特色，根据不同院系，打造不同的特色建筑；环境方面，也同样需要有自己的特色，创造清新自然的美丽环境。前面提到的属于外在的华，而内在的华，即书香气自华，书香不仅包括文科中所阅读的书籍，也包括理科所学习的知识。要做到书香气自华，则需要通过宣传等手段倡导学生学习并养成阅读的好习惯，让校园形成一股读书的氛围。

### （二）实，则完善“木桶”

高水平理工科大学的实，主要通过合理运用学校所获得的经费，根据效用理论，合理分配资金，效用高的项目经费支出多一些，效用低的则按比例相应减少，必须权衡轻重，但也必须在一定范围内兼顾支出量。正如短板的例子，水在木桶中的高度取决于短板，而非长板，理工科大学也一样，理工科属长板，文科属短板，学校为木桶，不计成本，一味地把资金投进“木桶”中，不顾“短板”则会出现资金流失、资金浪费的现象。想要发展高水平理工科大学，则必先完善其身，补全“木桶”，使块块板子长短相同，在补“短板”的同时，也要注重发展“长板”，我们的“桶”越高越大，可容纳的资源便越多，即发展前景更可观，可发展的潜力越大。

## 二、高水平理工科大学建设成败的关键因素

决定企业成败的关键总结来说包括以下几点：一是好领导，二是好团队，三是好产品，四是好管理、好制度。学校在某种程度上也可以算是一个企业，因此，高水平的理工科大学建设及人才培育成功与否不外乎这几点：一是学校的领导极为重要，所有的决策、问题的处理都由领导决定，在他们的身后是一所学校的兴衰荣辱；二是老师极为重要，他们是培育出一代代优秀人才的主心骨；三是学生极为重要，他们是学校声誉与名望的体现，一群优秀的学生造就的是一所成功的大学；四是管理制度也是高水平理工科大学建设的关键因素，一种好的管理制度能够推其发展，反则成其负累。

## 三、文理关系处理及文化培育

本人认为人才培养更应该强调的是处理好理工科、文科的关系以及文化培育方面。

### （一）正确协调文理关系

处理好理工科、文科的关系，不可过于偏重某一科。《昆明理工大学学报》中曾经做过“理工科院校文学学科办理理念与实践”的相关报道，其中提到培养复合型人才，注重科学教育同人文教育的融合。在一篇名为“浅谈理工科大学人文素养现状”的学术报告中提到大学生的文化素养教育喜忧参半，教育体制依旧存在一定的不合理性，造成文理科学生的差别日益扩大。理工科学校往往在将学生培养成专业化、高技术人才的同时弱

化了理工科学生的人文素养培养。因此，我们必须认识到我们所要建造的是高水平的理工科大学，并不是仅仅以理工科为主的普通大学，需要双管齐下、两方共治，仅靠理工科作为学校的顶梁柱，无疑是个独腿巨人，难以平稳立足。

### （二）文化培育的内容及做法

文化培育主要包括办学理念、大学精神、大学文化与品牌形象建设等几个方面。

1. 办学理念：学而知不足，实践而创新

东莞理工学院的校训是学而知不足，这也同时是本校的办学理念，学而知不足即学习，才发现自己存在的不足，但是，发展高水平理工科大学不仅仅需要学习型的人才，还需要具有创新精神的实践型人才。这与经世致用有异曲同工之妙，都致力于社会，以我之所学，化我之所用。无论如何努力学习，倘若只会把精力放在书本上，再如何也只是纸上谈兵，而实践操作则不同，倘若能把知识运用到实践中，并在实践中不断创新，那么人才发展进程就不可同日而语。

2. 共树高昂饱满的大学精神

大学精神是一所学校持续发展的动力所在。而东莞理工学院的大学精神并不饱满，首先，学习氛围不够浓厚，校园文化活动丰富并善于拉赞助，但学习的刻苦程度较之于其他理工科、重本大学仍有差距；其次，攀比心理较强，存在拜金主义，这点不但在本校，珠三角地区的大部分学校都存在这个问题，这与本地区经济发展形势相关；最后，存在功利主义，对于有用的专业课程较重视，对不甚明了其作用的专业课程则过于忽视，对于考试也持有同样的心态，与考试相关的书籍资料就看，与其无关的书则放在一边。以上问题需要一一纠正，通过宣传、举办相关学习活动以增强学习氛围；通过开设相关价值观课程等手段，让学生树立健康的心理；功利主义在这个经济高速发展的时代，无法完全避免，只能通过教育学生，不要短视于眼前利益，需要有长远的眼光，也不要为了学习而学习，需要清楚地认识到学习是为了自己，为了更好的未来。

3. 共育“不含杂质”的大学文化

大学文化是大学思想、制度和精神层面的一种过程和氛围，也是知识、能力、人格的升华与结晶。其包括校徽、精神风貌、校风、学风、办学特色等。显而易见，东莞理工学院二十多年的建校历史无法与百年老校的历史文化相比较，文化底蕴仍相当浅薄。文化并非一朝一夕就能有改变，需要长期沉淀，其间，我们唯一能改变、唯一需要做的便是把吸收到的文化、发展出来的文化进行筛选，取其精华、弃其糟粕，让我们将来沉淀出的文化不含“杂质”。

4. 共建万民称颂的品牌形象

品牌形象的建设对于一个学校来说是极为重要的，良好的品牌形象可以赢得学生、家长甚至社会的支持，使学校能够在激烈的竞争中脱颖而出。例如北京大学、清华大学，对他们能够有足够的认识，主要的原因是他们树立的品牌形象优良。做法主要有以下几种：第一，学校的品牌形象意识要强，强意识的主人不仅仅指的是学校的领导、教师，还包括学生、其他工作人员，品牌形象的树立靠的不仅仅是个人，而是靠整个团队；第二，持之以恒，搞品牌形象建设并不是在提出这个方案的前期随便喊两句、随便干几件大事就能成事的，要经过长时间的努力才能深入人心；第三，制订具有长远性、全局性和科学性的规划方案，按步骤有序进行，并在进行过程中不断修正存在缺陷的地方。

## 四、具体实践操作

以上所给出的文化培育建议较宽泛，实际上高水平的理工科大学建设及人才培养，不仅要理工科专业课程升重本，不仅要邀请更多学识渊博的理工科教授给学生传道授业，也不仅要培育具有深远影响的理工文化，还要注意到，走出这条“星光大道”是需要每一个稳健的脚步的，而这些稳健的脚步则需要我们改变当下，进行以下具体的实践操作：

一是阅读有赏。如孔子认为拾遗应有赏一样，学校图书馆阅读也应有赏，不能认为阅读是个人的事，学生是否读书不在学校控制范围内，每一个习惯的养成都需要付出一段较长时间的努力，阅读并非每个人的兴趣，通过阅读奖励，以激励学生的阅读积极性，从而推动高水平理工科大学的建设，奖励无须过于物质化，每段时间可以推出不同的奖励模式或采取奖励神秘化，在最后才公布奖品内容。

二是增设理工科兴趣团队及课程。凭个人爱好选择是否参加兴趣团队及课程。很多学校都会选择通过鼓励学生参加比赛，以增长见识、锻炼能力，但细想会发现，参赛的都是积极敢于挑战的学生，这种学生可能仅仅占到整所学校的一半甚至不到一半，较少人参赛的原因不外乎胆怯、怕输、缺乏兴趣等。而兴趣团队则刚好弥补了这些缺点，一个兴趣团队集中的都是对此感兴趣的学生，可以开怀畅谈，团队进行的游戏并无排名先后之分，因此能够使更多的学生得到锻炼。

三是举行社会模拟活动，要求所有学生参与。大学是学生踏进社会的关键一步，要让这步跨得对、跨得准，就需要有经验，需要有自己的判断，模拟社会行为，选择一个社会现象，每个学生都选择一个角色、尽力扮演，并在其中安插在社会中挑选的人士，可以是已毕业的学生，还可以是在校教师，也可以是其他任何职业的人士，体会人生百态，持续的时间可以是一天，也可以是多天，依情况而定。通过这个活动，学生可以对学习对于将来的影响有更深的体会，从而改变其学习心态，从“心”学习。

（作者系2015级行政管理2班学生）